Winfried Wilhelmy (Hrsg.)

Heilige Hildegard von Bingen

Sage und schreibe, was du siehst und hörst!

Einblicke in ihr visionäres Werk

Publikationen des Bischöflichen Dom- und Diözesanmuseums Mainz, Bd. 2

Historisches Museum am Strom Hildegard von Bingen

DOM MUSEUM DOMSCHATZ MAINZ

Abb. 1: Gott der Allmächtige, Detail aus der neunten Vision: „Der Heilsplan Gottes in der Zeit“ (s. Kat.-Nr. 4.9.), Hildegard von Bingen, Liber Divinorum Operum, um 1220/30, Lucca, Biblioteca Statale, Cod. 1942

Im Oktober 2012 wird Papst Benedikt XVI. die hl. Hildegard von Bingen (1098-1179) zur Kirchenlehrerin der katholischen Kirche erheben. Aus diesem Anlass stellt das Dommuseum Mainz in der Ostkrypta des Mainzer Domes das theologische Werk der wohl bekanntesten Mainzer Heiligen und einer der bedeutendsten Gestalten des hohen Mittelalters vor.

Obwohl Hildegard bis weit über ihr vierzigstes Lebensjahr hinaus im Kloster auf dem Disibodenberg im Verborgenen lebte und erst in ihrer zweiten Lebenshälfte dem 1141 ergangenen göttlichen Ruf *„Sage und schreibe nieder, was du siehst und hörst!“* folgte, schuf sie ein schriftstellerisches Werk, dessen Vielfalt und Umfang von keiner anderen Frau ihrer Epoche erreicht wurde. Hildegards heutige Popularität beruht wesentlich auf ihren beiden Schriften *Physica* und *Causae et curae,* also ihren beiden – vergleichsweise schlecht überlieferten – naturkundlichen Arbeiten. Ungleich besser dokumentiert und in den letzten Jahrzehnten wissenschaftlich hervorragend aufgearbeitet sind hingegen ihre drei theologischen Schriften *Wisse die Wege* (Scivias), das *Buch der Lebensverdienste* (Liber Vitae Meritorum) und das *Buch vom Wirken Gottes* (Liber Divinorum Operum), die zu Hildegards Lebzeiten ihren Ruhm als *„Posaune Gottes“* ausmachten. *Scivias* und *Liber Divinorum Operum,* die beide im Mittelalter umfassend und in überaus eindringlicher Bildsprache illustriert wurden, stehen im Mittelpunkt der Ausstellung, in der in großformatigen Leuchttafeln die wichtigsten Miniaturen beider Schriften reproduziert werden. Ihr visionärer Inhalt wird dabei mit Hildegards eigenen Worten wiedergegeben. Die Kraft der visionären Schau tritt dadurch ebenso deutlich hervor wie die Tiefe der theologischen Kenntnisse, deren Fülle und Reichtum von Hildegards außerordentlicher Bildung zeugen. Ihre Selbsteinschätzung als *„indocta“* (ungelehrt) erweist sich damit als zeittypischer Demutstopos.

1098 geboren, wächst Hildegard im rheinhessischen Bermersheim auf und wird bereits im Kindesalter als Inklusin in das Kloster Disibodenberg an der Nahe gegeben, wo sie ab 1136 der dortigen benediktinischen Frauengemeinschaft vorsteht. 1147 gründet sie auf dem Binger Rupertsberg ihr eigenes Kloster, dessen rasches Wachstum 1165 eine Filialgründung jenseits des Rheines in Eibingen notwendig macht. Im Gegensatz zu heute liegen alle diese Orte im Mittelalter innerhalb der Grenzen des Mainzer Erzbistums, weshalb Hildegard mit Recht als Mainzer Heilige bezeichnet werden darf. Daher wurde 1998 nicht nur weltweit, sondern gerade auch in Mainz der 900. Geburtstag der Heiligen mit vielen Veranstaltungen besonders gefeiert. Das Mainzer Dommuseum zeigte seinerzeit eine vielbeachtete Ausstellung, in der Leben und Werk der Seherin anhand einer Fülle von Originalen umfassend vorgestellt wurden. Diese verdienstvolle Ausstellung am selben Ort zu wiederholen, erscheint wenig sinnvoll und verbietet sich auch aus Verantwortung vor den empfindlichen Kunstwerken von selbst. Stattdessen werden die seinerzeit angefertigten Leuchttafeln zu Hildegards Visionsschriften, die als Leihgabe im Binger „Museum am Strom“ eine dauerhafte und sinnvolle Bleibe gefunden haben, in der Ostkrypta des Mainzer Domes neu gruppiert und in eine unmittelbare Beziehung zu Hildegard selbst gesetzt. Denn hier befindet sich der sogenannte „Schrein der Mainzer Heiligen“, in dessen Innerem auch eine Reliquie der hl. Hildegard bewahrt wird. Kein anderer Ort wäre daher besser geeignet für eine Präsentation von Hildegards theologischem Werk, das bereits im Mittelalter als eine der entscheidenden Grundlagen für ihre Heiligkeit aufgefasst wurde. Ich danke daher sehr dem Direktor des Binger Museums, Dr. Matthias Schmandt, dass er sich gerade für jene zwei Monate, in denen Hildegard durch die Erhebung des Heiligen Vaters weltweit in aller Munde sein wird, von den Reproduktionen des *Scivias* und des *Liber Divinorum Operum* getrennt hat. Als kleines Dankeschön für diese entgegenkommende Kooperation ist sein Haus in dem vorliegenden Katalogbuch durch das Binger Museums-Logo vertreten, was auch deshalb sinnvoll ist, da das Büchlein jenseits der Mainzer Präsentation auch den Binger Museumsbesucherinnen und -besuchern künftig Hildegards visionäres Schaffen nahebringen soll. Ein weiterer Dank geht an die Schwestern der Benediktinerinnenabtei Kloster Eibingen, namentlich an Sr. Philippa OSB, die entgegenkommend und in einer seit 1998 bewährten Zusammenarbeit die Reproduktion einiger der *Scivias*-Miniaturen für diesen Katalog gestattete. Domdekan Heinz Heckwolf griff die Idee, die Ausstellung in der Ostkrypta des Domes zu zeigen, engagiert auf, so dass, im Zusammenspiel mit dem geheimnisvoll funkelnden Heiligenschrein, die buntfarbig leuchtenden Tafeln in diesem stimmungsvollen neoromanischen Raum ein ganz neues, beinahe mystisches Erleben von Hildegards Visionen erlauben. Für diese Möglichkeit möchte ich mich sehr herzlich bedanken.

Die teils in neuerer Übersetzung zitierten Visionstexte sowie der Beitrag von Dr. Helmut Hinkel zur Kanonisation der hl. Hildegard basieren weitgehend auf jenen Beiträgen, die bereits 1998 im Katalog der Hildegard-Ausstellung des Dommuseums publiziert wurden. Dies sei insofern gestattet, da der seinerzeit die Präsentation begleitende, umfangreiche Katalog seit langem vergriffen und die Ausstellung selbst einer seither herangewachsenen neuen Generation unbekannt ist. Anders als damals liegt in der jetzigen Ausstellung der Fokus allein auf dem visionär-theologischen Werk der Heiligen, das dankenswerterweise durch den Gemeinschaftsbeitrag von Dr. des. Anja Lempges und Dr. Claudia Sticher auf seinen prophetischen Gehalt und dessen Grundlage im Alten Testament hin untersucht wird. Einführend steuert Kardinal Lehmann aus gegebenem Anlass einen Beitrag zur hl. Hildegard als Kirchenlehrerin bei, der ihre Bedeutung im Kreise anderer gelehrter Heiliger ebenso darlegt wie Hildegards Verehrung im Bistum Mainz damals und heute. Für diesen besonders aktuellen Beitrag sei ebenfalls recht herzlich gedankt.

Die Verwirklichung des Projektes ruhte, wie stets, auf vielen Säulen. Mein besonderer Dank gilt Sandra Ess und ihren rührigen Mitarbeiterinnen, die alle Druckerzeugnisse nicht nur in einwandfreier Qualität, sondern vor allem auch in kürzester Zeit zu realisieren wussten. Gleiches gilt für Thomas Hutsch und Dejan Pantic von gutegründe. Seit nunmehr neun Monaten gibt es ein neues Museumsteam, das sich zu einer leistungs- und nervenstarken Mannschaft entwickelt hat: Anja Coffeng-Bergmannshoff, Paul Engelmann, Esther Klippel, Anja Lempges, Mechthild Reinelt-Weber und Bettina Schmitt. Ohne sie wäre auch diese Ausstellung nicht möglich gewesen – mein ganz besonderer und herzlicher Dank gilt daher allen meinen Mitarbeiterinnen und Mitarbeitern.

Dr. Winfried Wilhelmy
Direktor des Bischöflichen
Dom- und Diözesanmuseums

AUFSÄTZE

Heiligkeit des Lebens und Tiefe der Lehre. Die hl. Hildegard von Bingen als Kirchenlehrerin

von Karl Kardinal Lehmann
Bischof von Mainz

In den Monaten vor der Erhebung der hl. Hildegard von Bingen zur Kirchenlehrerin am 7. Oktober 2012 war durch die Spekulationen vor der Verkündigung und auch durch eine vielfältige Information in den Medien nicht so ganz klar, was nun die Erhebung zur Kirchenlehrerin bedeutet, besonders auch im Blick auf ihre Heiligkeit. Deshalb möchte ich einige einleitende Hinweise versuchen.

Zur Entwicklung von Heiligenverehrung und Heiligsprechung

Wie der Beitrag von Direktor Dr. Helmut Hinkel in diesem kleinen Buch zeigt, ist der Weg zur Erklärung von Papst Benedikt XVI. vom 10. Mai dieses Jahres, dass die liturgische Verehrung der hl. Hildegard von Bingen auf die Weltkirche ausgedehnt wird und dass sie überall in der Gesamtkirche gefeiert werden kann, im Blick auf die Geschichte nicht so einfach. Dies hängt auch damit zusammen, dass es in den Jahrhunderten eine Entwicklung gab, wie ein vorbildlicher Christ, sei es eine Frau oder ein Mann, zur Ehre der Altäre kommt, also als „heilig" erklärt wird. Bis zum Anfang der Neuzeit gab es nicht den heute vorgeschriebenen und sehr ausgebauten Prozess zur Selig- bzw. Heiligsprechung, der ein formales, bis in viele Einzelheiten streng normiertes und rechtlich strukturiertes Verfahren darstellt. Die Verehrung eines vorbildlichen Christen geschieht in der Regel zuerst im unmittelbaren Umfeld des Lebens- und Wirkungsortes: vor allem in den Ordensgemeinschaften, in den umliegenden Gemeinden, in der Region, in einem Bistum und vielleicht auch darüber hinaus. Hildegard wurde schon zu Lebzeiten, erst recht nach ihrem Tod, als „Beispiel der Heiligkeit", also wie eine Heilige verehrt. Man gedenkt ihrer in Gottesdiensten, besonders innerhalb des Benediktinerordens. Die Verehrung erfolgt also vor allem mehr „von unten". In Rom interessierte man sich – von Missbräuchen abgesehen – für eine solche Verehrung vor allem, wenn sie den lokalen und diözesanen Bereich überschritt. In nicht wenigen Fällen wandte man sich freilich auch zur Bestätigung der Verehrung an den Bischof von Rom, nicht zuletzt um den Rang bestimmter Heiligen zu erhöhen.

Die erste von einem Papst vorgenommene Heiligsprechung erfolgte wohl im Jahr 993, als Bischof Ulrich von Augsburg durch Johannes XV. zur Ehre der Altäre erhoben wurde. Seit Papst Eugen III. (1145-1153) festigte sich die Tatsache einer alleinigen Heiligsprechung durch die päpstliche Autorität. Die päpstlichen Vorbehaltsrechte wurden 1234 in einem weiteren Schritt allgemein verbindlich. Es ging dann also nicht mehr um die rechtmäßige Bestätigung eines faktischen Kultes („primäre Ortsgebundenheit"), sondern eine amtliche Verehrung war nur erlaubt, wenn das Tugendstreben

Abb 2: Hl. Hildegard, Antependium (Detail), Kloster Rupertsberg, um 1230, Brüssel, Musées Royaux d‘Art et d‘Histoire

und der Vorbildcharakter in einem strengen Verfahren erwiesen wurden. Als 1588 die Ritenkongregation errichtet wurde,[1] konnte das genannte päpstliche Vorbehaltsrecht viel wirksamer durchgesetzt werden. Das Heiligsprechungsverfahren wurde ab dem 16./17. Jahrhundert im Sinne eines förmlichen Verfahrens und einer prozessartigen Untersuchung radikal erneuert. Papst Johannes Paul II. führte 1983 eine Reform durch, die das Verfahren vereinfachte und übersichtlicher gestaltete.

Am Beispiel der hl. Hildegard von Bingen

Eine angestrebte Heiligsprechung für Hildegard von Bingen scheiterte zwischen 1227 und 1243 aus vielen Gründen, aber vor allem wohl am Ungenügen einer zu allgemeinen, unbefriedigenden Lebensbeschreibung. Trotz vieler Bemühungen und einer erneuten Vorlage der verbesserten Akten, wie sie durch Rom von Mainz verlangt worden war, unterblieb eine feierliche Heiligsprechung (vgl. dazu den schon genannten Artikel von H. Hinkel in diesem Band). Die Verehrung dauerte aber besonders in den von Hildegard gegründeten Klöstern an. Die Menschen strömten am 17. September, ihrem Todestag, an ihr Grab. Die starke Verehrung zieht sich durch das ganze Mittelalter. Dennoch gab es in den liturgischen Texten und Kalendarien des Erzbistums Mainz lange Zeit keinen Festtag zu ihren Ehren.

Dies änderte sich bald im 17. Jahrhundert, als Hildegard in das offizielle Heiligenverzeichnis der Erzdiözese Mainz aufgenommen wurde. Ihre Schriften fanden immer mehr Interesse. Es entsteht eine größere regionale Verehrung. Zwar bezeugen viele Bilder und Skulpturen eine tiefe Wertschätzung, aber eine weit gestreute Volksverehrung lässt sich weniger nachweisen. Im 19. Jahrhundert stieg die Verehrung sehr an, besonders im Bistum Mainz. Die Jubiläumsfeiern zu ihrem Todestag (1879, 1929) hatten einen großen Zulauf. Zu Beginn des Zweiten Weltkrieges kam es 1940 zu einer von Rom erlaubten Ausdehnung des Festes auf ganz Deutschland. 1941 wurde ihr Fest zum ersten Mal im ganzen Land gefeiert.

Im Kontext des 800. Todestages im Jahr 1979 erfolgte ein neuer Höhepunkt in der Anerkennung Hildegards. Dies wurde 1998 bei der 900-Jahrfeier ihrer Geburt noch deutlicher.[2] Eine umfangreiche Forschung stellte im 20. Jahrhundert die große Bedeutung der „deutschen Prophetin" heraus, und zwar aus vielen Gebieten: in der Dichtung und in ihrer Bibelauslegung, in der Medizin und in der Musik, in der Naturkunde und vor allem in ihren Visionen. Hildegard findet immer mehr Verehrer und wird geradezu populär, nicht ohne gewisse Gefahren einer einseitigen Verzeichnung ihres Bildes.

Der verborgene Hintergrund: Erhebung zur Kirchenlehrerin

Wenn Papst Benedikt XVI. jetzt die Verehrung der hl. Hildegard verbind-

[1] Kongregation für Gottesdienst, Sakramente und Heiligsprechung; nach dem Zweiten Vatikanischen Konzil wurden diese Einrichtungen getrennt. Es gibt heute eine eigene Kongregation für die Selig- und Heiligsprechungsprozesse. Vgl. Del Re 1998, S. 418-420, Schulz 1988, Müller 1986 sowie Limburg/Rennings 1989.
[2] Vgl. AK Mainz 1998.

lich auf die Weltkirche ausdehnte, schafft er nicht nur eine liturgierechtliche Klarheit für ihre weltweite Verehrung, sondern auch Voraussetzungen für weitere Überlegungen und Maßnahmen. Papst Benedikt hat selbst zwei Besinnungen am 1. und 8. September 2010 innerhalb einer Reihe über große Frauengestalten des Mittelalters, Heilige und Selige, der hl. Hildegard von Bingen gewidmet.[3]

Mit diesen Meditationen hat Benedikt XVI. nämlich offenkundig noch mehr im Sinn gehabt. Dies dauerte freilich noch einige Zeit. Am 27. Mai 2012 hat er schließlich am Pfingstsonntag beim Mittagsgebet erklärt, dass er am 7. Oktober 2012 den hl. Johannes (Juan) von Avila und die hl. Hildegard von Bingen zu Lehrern der universalen Kirche verkünden wird. Der zentrale Text lautet im Blick auf Johannes von Avila und Hildegard von Bingen: *„Diese beiden großen Zeugen des Glaubens haben in sehr unterschiedlichen geschichtlichen Perioden und kulturellen Situationen gelebt. Hildegard war eine Benediktinerin im Herzen des deutschen Mittelalters, sie war eine wahre Lehrerin der Theologie und eine tiefe Kennerin der Naturwissenschaften sowie der Musik. Der hl. Johannes von Avila, der im 16. Jahrhundert in Spanien lebte und schon lange als ‚Apostel Andalusiens' verehrt wurde, hat an der kulturellen und religiösen Erneuerung der Kirche sowie des Sozialwesens am Beginn der Moderne mitgewirkt. Die Heiligkeit des Lebens und die Tiefe der Lehre macht beide neuen Kirchenlehrer für alle Zeiten aktuell: Die Gnade des Heiligen Geistes führte sie beide zur Erfahrung eines tiefdringenden Verstehens der göttlichen Offenbarung und eines klugen Dialogs mit der Welt, die den stetigen Horizont des Lebens und des Wirkens der Kirche ausmachen."*

Die aktuellen Bezüge der Kirchenlehrererhebung

Papst Benedikt XVI. macht eigens darauf aufmerksam, dass er die Erhebung beider Glaubenszeugen zu Kirchenlehrern ganz bewusst am 7. Oktober 2012 vornimmt, um bei der Eröffnung der Weltbischofssynode mit dem Thema „Neuevangelisierung" beide Gestalten in ihrer großen Bedeutung und Aktualität der Kirche und der Welt vor Augen zu stellen. Im Übrigen beginnt wenige Tage später, nämlich am 11. Oktober 2012, das vom Papst ausgerufene Jahr des Glaubens. Der Papst hat offenbar bewusst das Pfingstfest als Zeitpunkt dieser Bekanntgabe gewählt, weil er in den beiden Heiligen und Lehrern der Kirche die prophetischen Gaben des Geistes sieht, die auch heute die Menschen auf dem Weg der Wahrheitssuche anregen können. Beide Heiligen stehen auch für Gaben der Weisheit und der Wissenschaft, für originelle Wege der Erkenntnis und der Vertiefung des Geheimnisses Gottes, der Menschen und der Welt.

Dies war eine erste Ankündigung des Hl. Vaters. Der Tradition folgend, wird er gewiss im Kontext des 7.10.2012 die Entscheidung zur Erhebung bei der Heiligen zu Kirchenlehrern auch durch ein amtliches Dokument bestätigen und näher begründen (gewöhnlich durch ein „Apostolisches Schreiben", „Litterae apostolicae").

[3] Benedikt XVI. 2011, S. 12-16 sowie S. 17-25.

So geschah es auch bei der hl. Theresia von Avila (27./29. September 1970) und bei der hl. Katharina von Siena (4. Oktober 1970), die durch Papst Paul VI. zu Kirchenlehrerinnen erwählt wurden. Die hl. Theresia von Lisieux (vom Kinde Jesu) folgte als nächste Kirchenlehrerin (Heiligsprechung, 1925), und zwar am 19. Oktober 1997 durch Papst Johannes Paul II.

Mit dem Bekanntwerden dieser Entscheidung vom 27. Mai 2012 wird der Sinn der Erklärung vom 10. Mai 2012 auch erst voll einsichtig, dass die hl. Hildegard nämlich in den amtlichen Heiligenkalender der Gesamtkirche aufgenommen worden ist und dass die Verehrung auf die Weltkirche ausgedehnt wird. Ihre Heiligkeit selbst war ja unbestritten. Es ging um die Klärung einer Voraussetzung für einen weiteren Schritt.

Verborgene, jetzt offenbare Hintergründe

Deshalb muss nochmals der Blick kurz auf die letzten Jahrzehnte gelenkt werden. Nach den Richtlinien zur Erhebung eines Kirchenlehrers bzw. einer Kirchenlehrerin – sie sind meines Wissens nicht veröffentlicht – ist eine *förmliche* Heiligsprechung die notwendige Voraussetzung, die eben bei der hl. Hildegard fehlte. Als schon in den 70er und 80er Jahren des 20. Jahrhunderts von sehr verschiedener Seite eine Erhebung der hl. Hildegard zur Kirchenlehrerin angestrebt und auch beantragt wurde – es gibt darüber umfangreichere Akten –, war das Fehlen einer solchen *förmlichen* Heiligsprechung *das* Haupthindernis.

Die Motive für die damaligen Bestrebungen waren auch mit zum Teil fragwürdigen Annahmen vermischt, so z.B. mit der Esoterik, bestimmten Spielarten des Feminismus, einer sogenannten „Hildegard-Medizin" und wenig bestimmten ökologischen Tendenzen, die sich nicht selten auf die von Hildegard bevorzugte Farbe „grün" *(viriditas)* richteten, was gelegentlich von manchen für die neue Partei der „Grünen" zu instrumentalisieren gesucht wurde. Wirkliche Motive für eine Erhebung zur Kirchenlehrerin, besonders zuerst die persönliche Heiligkeit und der religiöse Vorbildcharakter, traten eher in den Hintergrund. So hatte die Kirche damals in der säkularen Öffentlichkeit kaum die Deutungshoheit über Leben und Werk der hl. Hildegard von Bingen. In der Zwischenzeit sind diese Tendenzen eher abgeklungen oder wenigstens zum Teil von Missverständnissen befreit.

Jetzt hielt Papst Benedikt XVI. offenbar die Zeit für reif, um eine Erhebung zur Kirchenlehrerin durchzuführen. Es wurde kein förmlicher Prozess zur Heiligsprechung, wie er eigentlich nötig wäre, durchgeführt, aber der Papst erklärte, wie schon dargestellt, am 10. Mai 2012 in Rom, dass die hl. Hildegard für die gesamte Weltkirche als heilig gilt und so auch überall verehrt werden kann. Man konnte bei dieser Erklärung vom 10. Mai jedoch (noch) nicht ganz erkennen – wenigstens zum damaligen Zeitpunkt ohne ein besonderes Wissen nicht –, warum eine solche Bestätigung der amtlichen Verehrung notwendig war. Heute sehen wir durch die Verkündigung ihrer Erhebung zur Kirchenlehrerin, dass eine solche amtliche Erklärung der Heiligkeit der Hildegard von Bingen für die Erhebung zur Kirchenlehrerin zwingend war. Es musste dafür aber kein förmlicher Prozess geführt werden. Dies war ja nach 800 Jahren Verehrung den Gläubigen unserer Region auch nicht zumutbar. Zwar gab es in eingeweihten Kreisen immer wieder Kenntnisse, die offenbar zum Teil auf Indiskretionen zurückgingen, dass eine Erhebung der hl. Hildegard zur Kirchenlehrerin bevorstehe. Aber mehr als Gerüchte waren dies nicht. So konnte man auch den vermutlich tieferen, aber eben doch verborgenen Hintergrund der amtlichen Bestätigung ihrer Heiligkeit vom 10. Mai nur vermuten. Jetzt aber wird vollends klar, warum diese beiden Stationen, nämlich die Bestätigung ihrer Heiligkeit (10.05.2012) *und* die Ankündigung ihrer Erhebung zur Kirchenlehrerin (27.05.2012), innerlich zusammengehören und den 7.10.2012 vorbereiten sollten.

Zum Verständnis eines Kirchenlehrers

Nun muss aber die entscheidende Frage gestellt und beantwortet werden: Was ist nun ein Kirchenlehrer bzw. eine Kirchenlehrerin? Der „Lehrer" des Glaubens ist schon im Neuen Testament und auch in der nachapostolischen Zeit eine feste Größe. Die Kirche der Frühzeit kannte in Ost und West allmählich Gruppen besonders herausragender Lehrer der Theologie, die eine außerordentliche Autorität für die Kirche darstellten: Im Westen waren dies Augustinus, Ambrosius, Gregor der Große und Hieronymus. In der Ostkirche waren es Basilius der Große, Gregor von Nazianz und Johannes Chrysostomus. Dafür gab es auch andere Namen, wie z. B. „Säulen der Orthodoxie". Über lange Zeit beschränkte sich diese Zeit großer Zeugen auf den Bereich der Alten Kirche *(„antiquitas")*, also den geschichtlichen Bereich der „Kirchenväter". Aber man hat später den Begriff des Kirchenlehrers auch auf große Theologen der Folgezeit ausgedehnt. Dabei spielte die starke Stellung vor allem des hl. Thomas von Aquin eine wichtige, bahnbrechende Rolle (1567). Es war die erste förmliche Ernennung. Andere Lehrautoritäten aus verschiedenen Orden, theologischen Schulen und Nationen folgten, wie Bonaventura, Anselm von Canterbury, Bernhard von Clairvaux, Franz von Sales, Petrus Canisius, Johannes vom Kreuz, Albert der Große, Robert Bellarmin u.a.[4]

Seit längerer Zeit galten faktisch vier Kriterien für den Rang eines Kirchenlehrers: die Rechtgläubigkeit der Lehre, die Heiligkeit des Lebens, eine im weiteren Sinne hervorragende wissenschaftliche Leistung und die ausdrückliche Anerkennung durch den Papst oder den Heiligen Stuhl (Approbation). Die Kirchenlehrer werden in der Liturgie mit besonderer Festlichkeit gefeiert. Sie gelten als wichtige theologische Bezeugungsinstanz *(„locus theologicus")*, nämlich als „Autorität der Heiligen" *(„auctoritas sanctorum")*. Die Form ihrer Anerkennung als Kirchenlehrer ist in den verschiedenen Zeiten unterschiedlich. Eine zusammenfassende formelle Festlegung ihres Ranges, vor allem dargestellt durch die genannten vier

[4] Die Liste der Kirchenlehrer zählt bis zum Jahr 1959 30 Männer. In den Pontifikaten der Päpste Paul VI. und Johannes Paul II. folgten drei Frauen in den Jahren 1970 und 1997. Vgl. die Liste z. B. bei Smolinsky 1997, bes. Sp. 21, vgl. auch denselben Artikel in der 2. Aufl., H. Rahner, Band VI., Freiburg i. Br. 1961, 229-231. Bis 1959 zählen wir unter den 30 Kirchenlehrern 22 Abendländer, 8 Orientalen, 14 aus dem Weltklerus, 16 Ordenspriester, 2 Päpste, 3 Kardinäle, 15 Bischöfe, 9 Priester, 1 Diakon (hl. Ephräm).

Kriterien, erfolgte im Jahr 1741 durch Benedikt XIV. In diesem Sinne werden die Kirchenlehrer auch durch das Zweite Vatikanische Konzil mehrfach hervorgehoben.[5]

Die evangelische Kirche kennt den Begriff des Kirchenlehrers nur in einem weiteren Sinne und verwendet ihn besonders für Melanchthon und Calvin, etwas später, aber nachhaltiger für Luther, und in neuerer Zeit manchmal auch für Friedrich Schleiermacher. Die Ostkirche bestimmte die Lehrer der Kirche weitgehend auf Synoden.

Vier Kirchenlehrerinnen seit dem Zweiten Vatikanischen Konzil

Eine große Wende bedeutet es aber in jüngster Zeit, dass der Begriff des Kirchenlehrers auch auf Frauen angewandt worden ist. Die 30 Kirchenlehrer bis zum Jahr 1959 waren nur Männer. Die Ernennung von drei Frauen nach dem Zweiten Vatikanischen Konzil in den Jahren 1970 und 1997 durch die Päpste Paul VI. und Johannes Paul II. wurde schon erwähnt. Die heilige Hildegard von Bingen ist also die vierte Frau, die zu einer Kirchenlehrerin erhoben wird. Sie ist die erste und einzige aus dem mitteleuropäischen und besonders deutschen Sprach- und Kulturraum. Dies sichert ihr und diesem Schritt eine sehr hohe Bedeutung. Dabei dürfen wir die mit ihr geplante Erhebung des hl. Johannes (Juan) von Avila nicht vergessen.

Dies hat größere Bedeutung für das Verständnis eines Kirchenlehrers. Selbstverständlich umfasste der Begriff Kirchenlehrer früher durch die Nähe von Theologie und Heiligkeit, die ja erst im Lauf der Neuzeit stärker verlorenging, eine enge Beziehung von Theologie und Spiritualität. Es gibt aber gewiss auch eine immer stärkere „Intellektualisierung" im Verständnis von „Kirchenlehrer". Die jüngst ernannten Frauen als Kirchenlehrerinnen betonen aber in ihrer Gestalt von Grund auf eine wieder größere Integration von Lehre und Biografie, persönlicher christlicher Existenz und Spiritualität. Es geht nicht nur um eine herausragende Lehre *(„doctrina eminens")*, vielmehr wird der Rang der Mystik und des Charismas neu deutlich. Damit wird auch der Sinn von Heiligkeit und Heiligenverehrung im Sinne des Zweiten Vatikanischen Konzils wieder besser wahrnehmbar: die Heiligen sind einbezogen in die eschatologische Dimension der Kirche, sie sind eine lebendige Verwirklichung der konkreten Heilszusage Jesu Christi an die Kirche, sie sind neue, geschichtlich einmalige Gestalten.[6]

Zur Bedeutung der hl. Hildegard von Bingen

Dies zeigt die Bedeutung der heiligen Hildegard im Chor der Kirchenlehrerinnen und Kirchenlehrer. Natürlich bedarf diese Bedeutung der inhaltlichen Entfaltung, wobei besonders auch auf das Charisma und die spirituelle Seite der Glaubenslehre abgehoben werden muss. Nach der Erhebung zur Kirchenlehrerin ist dies gewiss eine große Aufgabe der

[5] Dekret über die Ausbildung der Priester, Art. 19; Dekret über die christliche Erziehung, Art. 10; vgl. auch Dogmatische Konstitution über die Göttliche Offenbarung, Art. 8 und 23; Dekret über die Missionstätigkeit der Kirche, Art. 22.
[6] Vgl. Kirchenkonstitution *„Lumen gentium"*, Art. 48-51, Liturgiekonstitution *„Sacrosanctum concilium"*, Art. 104, 108, 111.

Theologie und anderer Disziplinen. Ihre Verwirklichung wird durch die reiche Hildegard-Forschung der letzten Jahrzehnte ermöglicht, die mit großen gelehrten Männern, wie z.B. dem Heidelberger Medizinhistoriker Heinrich Schipperges, aber auch mit Frauen, und hier besonders Benediktinerinnen aus der Abtei Eibingen – ich verzichte hier auf Namen –, sowie weiteren Wissenschaftlern und Institutionen verbunden ist. Dies wäre freilich nicht möglich gewesen ohne die Veröffentlichung kritischer Editionen und wertvoller Übersetzungen der meisten Schriften, deren Erarbeitung bis heute im Gange ist. Es ist auch eine schöne Anerkennung dieser oft im Verborgenen erarbeiteten Leistungen.

Die Erhebung der hl. Hildegard zur Kirchenlehrerin durch Papst Benedikt XVI. am 7. Oktober 2012 ist in diesem Zusammenhang ein außerordentlich wichtiger Akt. Es ist bei aller Diskussion über die Stellung der Frau in der Kirche bisher viel zu wenig beachtet worden, was es heißt, dass von 1970 bis in dieses Jahr vier große Ordensfrauen erstmals zu Kirchenlehrerinnen erhoben worden sind.[7] Nach diesem Akt wird es aber notwendig sein, die Feierlichkeiten gründlicher durch die Frage zu ergänzen, was die Zeugnisse der hl. Hildegard von Bingen spirituell und theologisch *für uns heute* bedeuten. Ein großer Wissenschaftlicher Kongress, der für die Zeit vom 27. Februar bis 3. März 2013 in Mainz geplant ist, wird eine weitere Antwort versuchen und für die systematische Auswertung wichtige historische Erkenntnisse bereitstellen. Aber die Rezeption für unsere Gegenwart wird zweifellos noch größere Anstrengungen benötigen. Der Papst ermutigt uns. Es lohnt sich. *„Denn in den Heiligen schenkst du der Kirche leuchtende Zeichen deiner Liebe“*.[8]

[7] Dazu die wohl nicht genügend beachtete Ansprache von Papst Benedikt XVI. bei der Generalaudienz am 8. September 2010 über den besonderen Beitrag von Frauen für die Theologie, [Orig. ital. im L'Osservatore Romano 9.9.2010]. Der Text findet sich auch in Benedikt XVI. 2011, S. 19 sowie S. 24f.
[8] Präfation von den Heiligen II in der durch das Zweite Vatikanische Konzil erneuerten Eucharistiefeier.

Wach für die Zeichen der Zeit. Die Visionen der Hildegard von Bingen

von Anja Lempges und Claudia Sticher

Über die nun offiziell *heilig* zu nennende Hildegard von Bingen ist so viel publiziert worden wie über kaum eine andere Frau des Mittelalters. Die moderne Hildegard-Forschung setzt vor rund 100 Jahren ein. Wesentlich dazu beigetragen hat die Neugründung des Klosters Eibingen im Jahr 1904. Seither zeugt die Fülle an Büchern von der ungebrochen hohen Popularität der mittelalterlichen Benediktinerin, die sich selbst als *„Posaune Gottes"* bezeichnete.[1]

Besonders zu den Jubiläen in den Jahren 1979 und 1998, zu ihrem 800. Todes- bzw. 900. Geburtstag, erschien umfangreiche Forschungsliteratur.[2] Hinzu kommt eine unüberschaubare Zahl an spirituellen und naturheilkundlichen Ratgebern, die unter Hildegards „Patronat" auf dem Markt sind. Die Grenze zur Esoterik ist in diesem Bereich oft fließend. Dabei könnte uns das 12. Jahrhundert und Hildegards Lebensweise fremder kaum sein. Eine Frage drängt sich also auf: Was fasziniert so anhaltend an Hildegard von Bingen?

Adlige, Ordensfrau und Universalgelehrte

Hildegard wird 1098 als Kind einer adligen Familie auf linksrheinischem Gebiet, vermutlich in der Nähe von Alzey, geboren.[3] Als zehntes Kind weihen die Eltern sie einem geistlichen Leben und bringen sie so Gott – als den geschuldeten Zehnt – dar. Hildegard wird später aus eigener Entscheidung den ihr vorbestimmten Weg bekräftigen und sich lebenslang an das monastische Leben einer Benediktinerin binden.[4] Bereits als Achtjährige wird sie von ihren Eltern Jutta von Sponheim anvertraut, die so in jungen Jahren zu Hildegards *Magistra*, ihrer Lehrerin, wird (Abb. 3). Während die Hildegard-Vita die Übergabe an Jutta und den Einzug in die Klause *„auf dem Berg des hl. Disibod"* mit der Jahresangabe 1106 in eins fallen lässt, überliefert die 1137 verfasste Vita der *Magistra* Jutta das Jahr 1112 für den gemeinsamen Einzug in die Klause. Die Gründung des Klosters auf dem Disibodenberg nicht vor 1108 machen die Angaben der Jutta-Vita plausibler.[5] Die Frauenklause lag in unmittelbarer Nähe zum Benediktinerkloster auf dem Disibodenberg. Am Allerheiligentag 1112, Jutta ist nun zwanzig Jahre alt, Hildegard vier-

[1] Die Posaune (hebr. *schofar*, lat. *tuba*) zeigt nach biblischer Überlieferung die Gegenwart Gottes an bzw. die von Gott gegebene Legitimation des Handelnden. Vgl. Jes 58,1; Mt 24,31; 1 Kor 15,52; 1 Thess 4,16 sowie im gesamten Buch der Offenbarung.
[2] Einen konzisen Überblick bietet Gosebrink 2004, S. 1–5.
[3] Vgl. Gössmann 2003. Traditionell wird Bermersheim bei Alzey als Geburtsort angegeben, was aber nicht zweifelsfrei belegt werden kann.
[4] In ihrem Werk *Scivias* bekennt Hildegard sich zur Ambivalenz des Brauchs der Darbringung von Kindern und warnt die Eltern, die solches beabsichtigen, es dürfe *„nicht unüberlegt, in anmaßender Überstürzung, geschehen, sondern nur wohlüberlegt, nach Maßgabe weiser Unterscheidung"* (Scivias 2, 5, 45, 213, 1401–1405), nicht aber im Zwang, wenn der Wille des Kindes dem deutlich entgegensteht.
[5] Vgl. Staab 1997, S. 64 sowie Koring 1998, S. 5.

zehn, erfolgt die Einschließung in die Klause. Zeitzeugen beschreiben den ergreifenden Moment, als die jungen Frauen ihre Profess ablegen und sich unter Gesang und Gebet in die Abgeschiedenheit der neuen Behausung zurückziehen, um dort zu bleiben. Für Jutta stellt dieser Tag die endgültige Einlösung ihres Gelübdes dar.

Gelübde sind sowohl im Alten als auch im Neuen Testament eine selbstverständliche religiöse Praxis. Sie durchziehen die Geschichte des Christentums und prägen von Anfang an das Leben auf dem Disibodenberg entscheidend.
Hildegards Lehrerin, Jutta von Sponheim,[6] erkrankt in ihrem zwölften Lebensjahr derart schwer, dass man sie schon aufgegeben hatte. *„Sie aber gelobte Gott, falls sie überleben würde, dass sie dann das Leben einer*

[6] *Vita domnae Juttae inclusae*, verfasst 1137 von einem nicht namentlich bekannten Mönch des Disibodenbergs, deutsche Übersetzung bei Staab 1997, S. 69–81.

Abb 3: Übergabe Hildegards an die *Magistra* Jutta, Bernhard Kraus, 1911/12, Bingen-Dietersheim, St. Gordianus und Epimachus

Nonne führen werde".[7] Jutta empfängt (vermutlich 1105 und damit etwa vierzehnjährig) vom Mainzer Erzbischof Ruthard gegen den Willen ihrer Verwandten die Jungfrauenweihe und erfüllt so das Gelübde, das sie in Krankheitstagen abgelegt hatte.
Die hinter einem Gelübde stehende Grundidee lässt sich in etwa folgendermaßen umreißen: Ein Mensch in großer Not verpflichtet sich gegenüber Gott, etwas Bestimmtes zu tun, wenn Gott in die Not eingreift. Die Heilige Schrift nennt eine Vielzahl solcher Nöte: Flucht und Aufenthalt in der Fremde (vgl. das Gelübde des Ahnvaters Jakob, Gen 28,20-28), Kinderlosigkeit (vgl. das Gelübde der Hanna, die damit ihren noch nicht geborenen Sohn Samuel zum *puer oblatus* (lat. wörtlich: der [Gott] geweihte Knabe) macht, 1 Sam 1,21-28), Gefahr auf See (vgl. die Jona-Erzählung, aus der deutlich hervorgeht, dass auch eine Gruppe von Menschen und nicht nur ein Einzelner ein Gelübde ablegen kann, Jona 1,16), und Kriegssituationen (Num 21,1-3; Ri 11,30-31). Das Gelübde war keine Vorschrift, sondern eine freiwillige Gottesverehrung. Einmal abgelegt, musste es aber eingehalten werden, darum warnen die Weisheitsschriften vor übereilten oder unbedachten Gelübden. Seine Erfüllung geschah meist im Rahmen eines Dankgottesdienstes. Aus der Kindheitsgeschichte des Samuel geht hervor, dass auch Eltern für ihr Kind ein Gelübde ablegen konnten. In dieser Tradition steht die Oblation Hildegards.

Mit etwa sechzehn Jahren legt Hildegard die Gelübde als Benediktinerin ab. Sie übernimmt aus innerer Überzeugung den Weg, den ihre Eltern für sie vorherbestimmt hatten. Als Ordensfrau ist ihr Leben nach der Benediktsregel strukturiert. Die alltäglichen Haus- und Gartenarbeiten wechseln mit den Gebetszeiten ab. Der Zusammenklang von *„ora et labora"* (Bete und arbeite) wird der Grundton ihres Lebens. Siebenmal am Tag und in der Nacht kamen die Schwestern zum gemeinschaftlichen Stundengebet zusammen. Das intensive Chorgebet war zudem Grundlage für das eigene Schriftstudium und Gebetsleben. So bot das Klosterleben einen etablierten und geschützten Raum, in dem Frauen Schriften und eine Form von Bildung zugänglich wurden, die ihnen innerhalb der Pflichten eines engen Familienverbunds verwehrt blieben. Das Klosterleben befreite von jenen Zwängen, die das Leben gerade der adeligen Frauen damals bestimmten, vor allem vor Eheschließungen aus rein dynastischen Erwägungen und den Gefahren häufiger Schwangerschaften.

Hildegard muss die Möglichkeit zu einem umfassenden Studium bekommen haben, das nicht nur die lateinische Übersetzung der Bibel, die Vulgata, und die Werke der Kirchenväter einschloss, sondern auch aktuelle theologische sowie naturkundliche und medizinische Schriften beinhaltete.[8] Sie selbst ist Autorin eines außerordentlich umfangreichen schriftlichen Werkes. Insgesamt lässt es sich in naturkundliche, kosmologische, hagiografische, exegetische und visionäre Schriften einteilen. Hinzu

[7] Staab 1997, S. 70.
[8] Vgl. Angenendt 2000, S. 62.

kommen zahlreiche Briefe und Dichtungen.[9] Schon allein die Bandbreite der von ihr verfassten Schriften weist sie als eine mittelalterliche Universalgelehrte aus.

Mystikerin

Der Begriff *Mystik* leitet sich vom Griechischen μυστικός *(mystikós)* bzw. dem lateinischen *Mysterium* her, was *geheimnisvoll* bzw. *Geheimnis* bedeutet. Mit einem Geheimnis ist in diesem Fall mehr gemeint als eine Botschaft, die nur wenigen bekannt sein soll. *Geheimnis* bezeichnet hier vielmehr den Kern einer Botschaft. In der Messfeier akklamiert der Priester am Ende des Hochgebets die Worte *„Geheimnis des Glaubens"* und die Feiernden antworten darauf mit den Kernsätzen der christlichen Botschaft: *„Deinen Tod, o Herr, verkünden wir, und deine Auferstehung preisen wir, bis du kommst in Herrlichkeit"*.

Mystische Erfahrungen sind geheimnisvolle Erfahrungen im vollen Wortsinn: Sie dringen zum Kern einer Wahrheit vor. Mystik meint das Erlebnis der Gotteserfahrung, der Gottesschau, der *visio*. Eigentlich Unsichtbares wird durch symbolische Bilder sichtbar, durch Gehörtes und Durchlebtes erfahrbar. Ein Mensch, der solche Erfahrungen macht, steht vor einem Problem: Wie kann man das Erfahrene in Worte oder Bilder bringen, um es anderen Menschen verständlich zu machen? Hildegards Visionen zeugen von einer ausgeprägten kosmischen Spiritualität: Sie erkennt die Gegenwart Gottes in seiner Schöpfung. In den Bildern ihrer Natur- und Kosmosbeschreibungen leuchtet der eigentlich unsichtbare Schöpfer auf.

Mystische Erfahrungen sind keine Erfindung des Mittelalters. Menschen haben sie zu allen Zeiten und in allen Religionen gemacht. Mit Magie haben solche Visionen (innere Schauung) oder Auditionen (inneres Hören) nichts zu tun. Sie lassen sich nicht magisch herbeiführen, sondern nur durch Meditation und Askese vorbereiten. Als Askese wird hier „die Aufgabe des Selbst in Gott hinein" verstanden, das Absterben des eigenen Ich, die Entäußerung vom Selbst. Ein Jahrhundert nach Hildegard beschreibt die bedeutende Mystikerin Gertrud von Helfta († 1302) – von der Nachwelt mit dem Beinamen *die Große* geehrt – die Vorbereitung in einfachen Worten: *„Aus mir selbst habe und vermag ich gar nichts. Ich will meinem Herrn in Demut und Vertrauen entgegengehen"*.[10] Hildegard umschrieb diese Selbstaufgabe, indem sie sich als eine *„Feder im Windhauch Gottes"* bezeichnete. Aus sich selbst heraus kann eine Feder nicht fliegen, sie kann es nur getragen vom Wind.

Prophetin

Hildegard von Bingen, die wie alle Gläubigen vor ihr und nach ihr die Worte der Schrift in der Liturgie regelmäßig vernahm und sie in der Schriftbetrachtung zusätzlich vertiefte, wurde durch sie aufgerüttelt. Jahr um Jahr spricht die Lesung des Pfingstfestes den Gläubigen zu, in den letzten Tagen zu leben. Der Sprengstoff dieser Aussage geht in der Gewohn-

[9] Eine knappe Übersicht der Werke unter Hildegard 1997, S. 297–299. Eine Zusammenstellung der erhaltenen Handschriften bietet Hildegard 1998b, S. 15–19.
[10] Zitiert nach Repges 2002, S. 123. Das Zitat stammt aus Gertrud von Helfta: Gesandter der göttlichen Liebe, III, 18, L 95.

Abb. 4: Pfingsten Sakramentar, um 1000, Mainz, Bischöfliches Dom- und Diözesanmuseum, B 00325

heit meist unter. Mit Worten aus dem Buch des Propheten Joël verkündet Petrus am Pfingsttag (Abb. 4) seinen damaligen Hörern, dass die Endzeit begonnen hat: „... *[J]etzt geschieht, was durch den Propheten Joël gesagt worden ist: In den letzten Tagen wird es geschehen, so spricht Gott: Ich werde von meinem Geist ausgießen über alles Fleisch. Eure Söhne und eure Töchter werden prophetisch reden, eure jungen Männer werden Visionen haben, und eure Alten werden Träume haben*" (Apg 2,14.16-17).

Das Charisma von Hildegards prophetischer Schau lässt sich genau hier verorten. Sie weiß sich eingebunden in die lange Geschichte von Frauen und Männern, die tiefer sehen durften als andere, die sensibler waren für die Zeichen der Zeit. Und zugleich ist es eine Gabe – so Petrus im Zeugnis der Apostelgeschichte –, die nicht mehr eingeschränkt ist auf einen bestimmten Personenkreis.

Der jüdisch-christliche Glaube speist sich aus einem Schatz von prophetischen Schriften und prophetisch begabten Menschen, die ihre Erfahrungen mitgeteilt haben. Die Schriften Israels sind offen auf Zukunft hin, sie sind von Erwartung getränkt. Das prophetische Element spielt von Anfang an eine bedeutende Rolle. Am Tag, an dem Mose stirbt, der große Führer und „Mann Gottes", der das Volk aus der Knechtschaft Ägyptens geführt hatte, da gibt er, der „Erzprophet", dem Volk Israel folgende Zusage: „*Einen Propheten wie mich wird dir der Herr, dein Gott, aus deiner Mitte, unter deinen Brüdern, erstehen lassen...*" (Dtn 18,15).

Nach langen Jahrhunderten und immer neuen Anläufen, eine Heilsgestalt zu erkennen, sehen die Evangelisten diese Verheißung in der Ankunft Jesu endlich erfüllt. Das Zögern, Bangen und Hoffen verdichtet sich in der Frage Johannes des Täufers: „*Bist du der, der kommen soll, oder müssen wir auf einen anderen warten?*" (Mt 11,2-6; Lk 7,18-23).

Was aber macht einen Propheten aus? Im Buch Jeremia werden drei wichtige Berufungen im Gottesvolk mit ihren verschiedenen Aufgaben unterschieden: „*Denn nie wird dem Priester die Weisung ausgehen, dem Weisen der Rat und dem Propheten das Wort*" (Jer 18,18).

Der Priester lehrt den Inhalt der Schriften, insbesondere der Tora. Der Weisheitslehrer ist Berater im weitesten Sinne; die Quellen seiner Weisheit sind – im Gegensatz zum Propheten – seine Erfahrung und Vernunft. Der Prophet vermittelt das Gotteswort, vermittelt zwischen Diesseits und Jenseits; er ist Gottes Bote. Weil Gottes Wort nicht eindeutig zu vernehmen ist, gehört der prophetische Konflikt von Anfang an dazu – wer ist ein wahrer Künder des Gottesworts, wer spricht nur aus eigener Vollmacht? Der Kampf um die Unterscheidung von wahrer und falscher Prophetie kennzeichnet weite Teile des Alten Testaments. Er wird auch Hildegards Leben durchziehen.

Gottes Botschaft kann ein Mensch nur dann verkünden, wenn sie ihm zuvor auf irgendeine Weise zuteil geworden ist. Wie gelangt der Prophet zu seinem Auftrag?

Visionen, Auditionen und Träume haben ihren zunächst unhinterfragten Platz in der Wirklichkeitswahrnehmung der biblischen Schriften. Sie brechen in eine Ereignisfolge ein, die auch ohne die Unterbrechung eine Fortsetzung hätte finden können. Dennoch scheint das Problem, das darin besteht, sich auf Träume zu berufen, auch den Zeitgenossen bewusst gewesen zu sein, entzieht sich doch ein im Traum empfangenes Wort notwendigerweise jeder Nachprüfbarkeit.[11] Alle, die verkündigen, müssen sich fragen lassen, ob sie die Menschen tiefer ins Geheimnis Gottes führen.

Ein weiteres entscheidendes Kriterium für wahre Prophetie wird darin zu sehen sein, ob vorausgesagte Ereignisse oder Folgen für eine Handlung eintreffen. Wenn das Wort eines Menschen durch die Ereignisse bestätigt wird, so legitimiert das – im Nachhinein – sein Auftreten. Doch auch hier gebietet die Schrift Einhalt und warnt, es sich nicht zu leicht zu machen. Alles, was vom wahren Gott wegführt, kann zwar eine Prüfung Gottes sein, doch niemals sein Wort, das zu befolgen wäre. Es gibt demzufolge Prophetie, die von vornherein falsch ist, wenn sie nämlich zum Abfall von Gott führt, ganz gleich, ob das Angekündigte eintrifft oder nicht.[12]

Hildegard werden die Titel „Seherin" und „Prophetin" zuerkannt. Sie sind dem Leser durch die zahlreichen Propheten des Alten Testaments vertraut, aber auch durch den „Seher von Patmos", dessen Ich-Bericht sich die Geheime Offenbarung des Johannes als letztes biblisches Buch verdankt. In ihrem Gefolge versteht Hildegard sich selbst, in diesem Sinn möchte sie sich verstanden wissen. Seher und Propheten treten als Heiler auf, haben Kontakt mit der Gottheit durch Ekstase, Musik und Tanz, erwirken Wunder. Sie empfangen das Gotteswort durch Visionen. Besonders die Beschreibung des Sehers Bileam ist aufschlussreich, um sich ein Bild über die Tätigkeit und das Selbstverständnis eines Sehers zu machen: *„Da kam der Geist Gottes über ihn, er begann mit seinem Orakelspruch und sagte: Spruch Bileams, des Sohnes Beors, Spruch des Mannes mit geschlossenem Auge, Spruch dessen, der Gottesworte hört, der eine Vision des Allmächtigen sieht, der daliegt mit entschleierten Augen"* (Num 24,2-4).

Mit seinem reichen Spektrum an verschiedenen prophetischen Gruppierungen unterscheidet sich Israel kaum von den übrigen Kulturen des Alten Orients, denn auch hier gab es berufsmäßig am Tempel oder am Königshof tätige Propheten – ein regelrechter Beruf, den man erlernen konnte. Das Hineinwachsen in ein solches Leben als Prophet zeigt anschaulich die Geschichte des jungen Samuel, der schon als Kind zum alten Priester Eli an den Tempel von Schilo in Obhut gegeben wird und nach und nach – durch göttliche Berufung – seinen eigenen Stand als Prophet findet (1 Sam 3,1-21). Der betagte Priester kann ihm manches beibringen und ist letztlich derjenige, der Samuel den Kontakt zum Gotteswort erst ermöglicht. Doch ergeht das nächtliche Wort Gottes an den Schüler völlig überraschend und unverfügbar.

Hier mag eine Parallele zur Vita Hildegards gestattet sein: Ohne die Erziehung durch ihre *Magistra* Jutta, ohne die Kenntnis der Heiligen Schrift, der Lieder und Gebete wäre sie kaum dis-

[11] Vgl. Jer 23,25-28.
[12] Vgl. Dtn 13,2-6.

Abb. 5: Föten, 12. Jh., Kopenhagen, Det. kgl. Bibliotek, GKS 1653 (Miscellanea medica)

poniert gewesen für das, was sie als ihre Schau niederschreibt. Diese allerdings widerfährt ihr ohne eigenes Zutun. Den Propheten vergleichbar, schreckt sie vor dem Auftrag, Gottes Wort zu verkünden, zunächst zurück. Sie selbst bezeichnet sich wiederholt als *„ungelehrt" (indocta)*. Es braucht lange Zeit und die Unterstützung kirchlicher Autoritäten, um sie schließlich zur Niederschrift des Geschauten zu veranlassen.

So changiert ihr Prophetinnensein zwischen dem eines Propheten wie Mose, der aus einer gänzlich anderen Lebenswelt heraus plötzlich berufen wird, und dem eines Samuel, der seit dem Knabenalter einem älteren und weisen Priester zur Erziehung anvertraut ist. Das eigentliche Widerfahrnis des göttlichen Wortes ist unverfügbar, bestimmte Dispositionen auf Seiten des Menschen können aber in unterschiedlich starkem Maß gegeben sein. Selbstbewusst zitiert Hildegard den Propheten Jesaja (*„der Herr hat mich vom Mutterschoße an berufen, im Mutterschoß schon meinen Namen genannt", Jes 49,1)*, wenn sie schreibt: *„Bei meiner ersten Bildung (prima formatione), als Gott mich im Schoß meiner Mutter (in utero matris*, Abb. 5) *durch den Hauch des Lebens erweckte, hat er diese Schau (visio) meiner Seele eingeprägt."*[13]

Den Fragen des Wibert von Gembloux, der später Hildegards Sekretär werden wird, verdanken wir einige Auskünfte der Seherin über die Schau selbst. Zunächst zögert Hildegard lange, ob sie die Fragen nach ihrer Gabe einem Menschen, den sie bis dahin nicht einmal kennt, beantworten soll. Schließlich formuliert sie einen Antwortbrief, den Wibert als einen Schatz empfängt und hütet. Das Selbstzeugnis über die Art ihrer Schau lässt an Detailreichtum wenig zu wünschen übrig: *„Ich sehe diese Dinge aber nicht mit den äußeren Augen und höre sie nicht mit den äußeren Ohren; ich sehe sie vielmehr einzig und allein in meinem Inneren, aber mit offenen leiblichen Augen, so dass ich niemals die Bewusstlosigkeit einer Ekstase erleide, sondern völlig wach schaue ich*

[13] Klaes 1998, S. 125.

dies bei Tag wie bei Nacht. Das Licht, das ich schaue, ist nicht an den Raum gebunden ... Es wird mir bezeichnet als ‚der Schatten des lebendigen Lichts'. Was ich in diesen Visionen erschaue und erfahre, das behalte ich lange im Gedächtnis, so dass ich, wenn ich dieses Licht sehe und höre, mich erinnere und zugleich sehe, höre und weiß, um gewissermaßen in einem Augenblick das, was ich weiß, auch zu verstehen. (...) In diesem Licht sehe ich zuweilen ein anderes Licht, das mir bezeichnet wird als ‚Das lebendige Licht'. Wann und wie ich es schaue, das vermag ich nicht anzugeben. Solange ich es aber sehe, wird alle Traurigkeit und jede Angst von mir genommen, so dass ich mich dann wie ein junges Mädchen fühle und nicht mehr wie eine alte Frau".[14]

Deutlich wehrt Hildegard die Vorstellung einer Verzückung oder Ekstase, wie sie die spätere mittelalterliche Brautmystik durchziehen wird, ab. Sie gerät gerade nicht außer sich, wenn sie die Worte vernimmt, die aufzuschreiben sie sich anfangs nicht gedrängt hat. Es gehört fast zum „guten Ton" einer Prophetenberufung, vor dem Auftrag zurückzuschrecken und so geschieht es auch Hildegard. Kein Mensch kann sich allen Ernstes danach drängen, zum Sprachrohr Gottes zu werden, niemand ist von sich aus dazu in der Lage, die unüberwindliche Kluft zum Heiligen zu überbrücken. *„Weh mir, ich bin verloren"* – so entfährt es Jesaja, als er den Herrn auf seinem Thron sitzen sieht – *„denn ich bin ein Mann mit unreinen Lippen und lebe in einem Volk mit unreinen Lippen, und meine Augen haben den König, den Herrn der Heere, gesehen"*.[15] Dahinter steht die Überzeugung, die das Volk Israel am Sinai gemacht hat, als einzig Mose in der Lage war, von Angesicht zu Angesicht mit dem Herrn zu reden: *„Kein Mensch kann Gott sehen und am Leben bleiben"* (Ex 33,20). Gottes Herrlichkeit ist so mächtig, dass sie einen Menschen überwältigt und zu Boden wirft. Zwischen der Heiligkeit Gottes und der Unwürdigkeit des Menschen klafft ein solcher Abgrund, dass ein Mensch sterben müsste, wenn er Gott sähe.

Nachdem Hildegard aber ihre Berufung angenommen hat, da tritt sie selbst den Autoritäten ihrer Zeit mahnend gegenüber – ganz wie die alttestamentlichen Propheten bis hin zu Johannes dem Täufer, die den jeweiligen Herrschenden eindringlich rieten, die Wege Gottes nicht zu verlassen.

Als Hildegard mit rund 75 Jahren die Arbeit an ihrer dritten und letzten Visionsschrift, dem *Liber Divinorum Operum* abschließt, tut sie das mit folgenden Sätzen: *„Ich aber hörte vom lebendigen Licht, das mich in diesen Visionen unterwies, eine Stimme, die so sprach: Denen, die den einfältigen Menschen bei der Niederschrift Meiner Visionen unterstützten und trösteten, werde Ich Anteil geben am Lohn für ihre Mühen. Und ich armselige Frau, die in dieser Vision unterwiesen wurde, sprach: Mein Herr, mögest Du allen, die mir, die unter großer Furcht litt, bei den Visionen, die Du mir von Kindheit an eingeprägt hast, mit Trost beistanden, den Lohn der ewigen Herrlichkeit im himmlischen Jerusalem schenken, so*

[14] Hildegard an Wibert von Gembloux, in: Hildegard 1990a, S. 223-234, Zitat S. 227 (lat.: Pitra 1882, S. 332f).
[15] Jes 6.

dass sie sich ohne Ende durch Dich in Dir freuen“.[16]

Drei visionäre Schriften

Insgesamt verfasst Hildegard in ihrer zweiten Lebenshälfte drei theologisch-visionäre Schriften: *Scivias* (1141–1151, s. Kat.-Nr. 2), *Liber Vitae Meritorum* (1158–1163, s. Kat.-Nr. 3) und *Liber Divinorum Operum* (1163–1173/74, s. Kat.-Nr. 4).

Obwohl sie bereits von früher Kindheit an Visionen hatte, die sie lange Zeit tief verunsicherten und deren Verkündigung sie als eine *„Last Gottes“* empfand,[17] beginnt sie erst im Alter von 42 Jahren und sieben Monaten mit der Niederschrift des Gesehenen und Gehörten.[18] In den folgenden zehn Jahren arbeitet sie an einem Buch, dem sie den Titel *Scivias* gibt. Das Kunstwort bildet sie aus den lateinischen Worten *scire* und *via*, also *wissen* und *Weg*, und verschleift den Satz *scito* bzw. *scitote vias,* wisse(t) die Wege, zu *Scivias*.

Die Visionen in *Scivias* erstrecken sich über drei Bücher und zeichnen die christliche Heilsgeschichte nach: zuerst die Zeit von der Schöpfung bis zur Zeit der Synagoge, d.h. dem Alten Testament, dann die Zeit von der Erlösung durch Christus und die Errichtung der Kirche, abschließend die Vollendung der Heilsgeschichte. *Scivias* entspricht einer Gesamtschau der Offenbarung und ist ein umfassendes Glaubenszeugnis.

Der Titel *Scivias* deutet aber auch auf eine paränetische, ermahnend-moralisierende Absicht seiner Verfasserin hin. Das Werk wendet sich insbesondere an den Klerus. Hildegard sieht Missstände innerhalb der Kirche, wie politisch motivierte Bischofswahlen, Kauf und Verkauf kirchlicher Ämter und Irrlehren. Sie fordert vom Klerus mehr Einsatz beim Verkünden des Evangeliums und brandmarkt ein zu weltliches Leben der Priester.[19]

Auch ihre zweite Visionsschrift, den *Liber Vitae Meritorum*, das Buch der Lebensverdienste, richtet Hildegard zuallererst an den Klerus, dann erst an die gesamte Gesellschaft. Bereits der Titel *Buch der Lebensverdienste* verdeutlicht, dass Hildegard Verantwortung vom Menschen einfordert. In dem sechsteiligen Buch streiten Laster und Tugenden miteinander. Im zeittypischen Stil treten diese menschlichen Eigenschaften in Gestalt von Personen, d.h. als Personifikation eines jeweiligen Lasters bzw. einer Tugend, gegeneinander an.[20] Erläuternd führen

[16] Hildegard 1998a, S. 463.
[17] Vgl. Angenendt 2000, S. 62.
[18] Zur Datierung des *Scivias*, der Zahlensymbolik und Hildegards Vorliebe für Wortspiele vgl. Altenburg 2007, S. 18f., Anm. 3.
[19] Vgl. Gosebrink 2009, S. 11f.
[20] Personifikationen waren schon in der Antike bekannt und wurden von christlichen Schriftstellern übernommen. Vermutlich regten die paulinischen und deuteropaulinischen Briefe die Zusammenstellung von Tugend- und Lasterkatalogen an. Perikopen wie 1Kor 6,9-10; Gal 5,19-21 und Kol 3,5-9 zählen Laster und Tugenden auf. Der frühchristliche Schriftsteller Tertullian (um 160–220) griff dieses Bild auf, welches dann von Aurelius Prudentius (348–405) in der *„Psychomachia“* ausgestaltet wurde. Die Kardinaltugenden Platons, *Prudentia* (Weisheit), *Fortitudo* (Standhaftigkeit) und *Temperantia* (Mäßigung), sowie die daraus erwachsende *Justitia* (Gerechtigkeit), gingen in das Alte Testament ein (z.B. Weish 8,7), wurden von Augustinus aufgegriffen, durch christliche Inhalte ergänzt und von Gregor dem Großen um die bei Paulus genannten Tugenden *Fides* (Glaube), *Caritas* (Liebe) und *Spes* (Hoffnung) erweitert. Häufig sind diese sieben noch um die Tugend der Demut (entsprechendes Laster *Superbia*, der Hochmut) ergänzt, die als christlichste aller Tugenden bzw. als Ursprung aller anderen Tugenden gilt. Kampfdarstellungen zwischen Personen und Fabelwesen, die verschiedene Tugenden und Laster symbolisieren, waren im gesamten Mittelalter sehr beliebt und wurden zur moralischen Belehrung und Mahnung eingesetzt. Zum Teil wurden zusätzlich Personen aus der Bibel, aus Heiligenlegenden oder der Mythologie verwendet. Eine der einflussreichsten Schriften dieser Art war das um 1140 möglicherweise am Mittelrhein verfasste und Hildegard wahrscheinlich bekannte *Speculum virginum*, der Jungfrauenspiegel. Gerade die Text-Bild-Komposition dieses Werks könnte, worauf in der Forschung immer wieder hingewiesen wird, Hildegards Arbeit stark beeinflusst haben.

die Visionen entsprechende Bußen und Strafen an. In ihrer letzten Vision schildert Hildegard, wie die Menschen nach ihren Taten gerichtet werden. Hildegard steht hier ganz in der Tradition der großen Propheten: Sie ruft – in Erwartung der Endzeit – zur Umkehr, konkret zu einem geistlich durchwirkten Leben auf. Tilo Altenburg fasst das Ziel dieser Visionsschrift prägnant zusammen: *„Hildegard zufolge muss die vita spiritualis in Zukunft alle Menschen überzeugen, weil sie auf natürliche Weise überlegen ist. Darin besteht der höchste Auftrag der Kirche, wenn sie alle Gläubigen zur Nachfolge Christi ruft. Vielleicht geschieht es aufgrund dieser Siegesgewissheit, dass die Seherin bereits in ihrer Gegenwart oft Verhältnisse einer geistlichen Gemeinschaft wie selbstverständlich auf die gesamte Gesellschaft anwendet“.*[21]

Mit dem *Liber Divinorum Operum*, dem Buch vom Wirken Gottes, legt Hildegard eine Zusammenfassung ihres bisherigen Lebens und Wirkens vor, es gilt als reichste und umfassendste ihrer Schriften. Dieses Spätwerk – Hildegard ist desillusioniert ob der Widerständigkeit des Klerus – richtet sich nun gleich an alle Gläubigen. In zehn Visionen beschreibt sie Gottes Werk, d.h. den Ursprung des Lebens, des Menschen und der Welt (1.–4. Vision) bzw. die Heilsgeschichte von der Schöpfung bis zur Parusie, der Wiederkunft Christi (5.–10. Vision, Abb. 6). Den Anstoß zum Verfassen ihrer dritten Visionsschrift erhielt Hildegard nach eigener Aussage, nachdem sie das Johannes-Evangelium ausgelegt hatte. Die Deutung des Johannes-Prologs (Joh 1,1–18) am Ende der 4. Vision steht daher auch im Zentrum des *Liber Divinorum Operum*, worauf im Folgenden noch eingegangen wird. Das Ziel der Schrift ist abermals die Umkehr des von Gott entfernten Menschen hin zu seinem Schöpfer. Der Weg des sündhaften Menschen führt von der Gottesfurcht – hier charakterisiert als Angst vor jenseitigen Sündenstrafen – über die Abkehr von allem Weltlichen hin zu einem spirituellen Leben. Erst dann wird *„die ursprüngliche Angst in Liebe zu Gott verkehrt. Überhaupt könne ein Mensch, wenn er in einem ausgeglichenen Zustand abwägt, was moralisch geboten sei, nur zu dem Schluss gelangen, er habe celestia gaudia* [himmlische Freuden, Anm. d. Verf.] *anzustreben“.*[22]

Aufbau der Visionen und ihre Illustration

Die einzelnen Visionen folgen einem immer gleichen Textaufbau. Eine kürzere Passage beschreibt das Gesehene, das anschließend in einem umfangreicheren Abschnitt von der göttlichen Stimme erklärt wird. Im Katalogteil dieser Publikation (s. Kat.-Nrn. 2-4) ist eine Auswahl der Visionen vorgestellt und der jeweilige – meist etwas gekürzte – Visionstext abgedruckt, jedoch ohne die umfangreiche Erläuterung.

Populärer noch als der Text selbst sind die Miniaturen zu Hildegards Visionsschriften. Ihr *Scivias* wurde wohl noch zu Lebzeiten und unter Anweisung Hildegards im Kloster Rupertsberg mit 35 Miniaturen illustriert (s. Kat.-Nr. 2). Die bildliche

[21] Altenburg 2007, S. 123f.
[22] Altenburg 2007, S. 213.

Abb. 6: Majestas Domini, Detail aus „Die Säule des Wortes Gottes", *Scivias* (Salemer Codex), um 1200, Heidelberg, Universitätsbibliothek, Cod. X,16

Ausstattung einer gesamten Visionsschrift ist zur Zeit Hildegards ein Novum. Zuvor gibt es in diesem Umfang lediglich Illustrationen der Johannesapokalypse.[23] Jüngere Forschungen am Original des wohl um 1165 entstandenen Codex' gibt es nicht, da die Handschrift seit dem Jahr 1945 verschollen ist. Die Abbildungen in dieser Publikation und in der Ausstellung zeigen Miniaturen eines Faksimiles, das Schwestern im Kloster Eibingen in den Jahren 1927–1933 angefertigt haben.

Während der *Liber Vitae Meritorum* ohne Illustrationen blieb (s. Kat.-Nr. 3), wurde das Spätwerk Hildegards, der *Liber Divinorum Operum,* in einer Handschrift aus der Zeit um 1220/30 aufwändig mit zehn Miniaturen ausgestattet (s. Kat.-Nr. 4). Sie sind im Katalogteil dieser Publikation abgebildet. Diese Handschrift, der sogenannte Lucca-Codex, befindet sich heute in der Biblioteca Statale in Lucca/Italien. Zur Provenienz des Manuskripts gibt es nur Theorien. Vermutlich befand sich der Codex über mehrere Jahr-

Abb. 7: Die Seherin, Rupertsberger *Scivias,* um 1165 (Kopie 20. Jh.), Eibingen, Abtei St. Hildegard

[23] Vgl. Graf 2002, S. 92.

hunderte im Besitz der Familie Mansi, die aus der Nähe von Mainz stammte und zu einem unbekannten Zeitpunkt Eigentümer der Prunkhandschrift wurde. Falls sich diese These erhärten ließe, wäre die Entstehung des Codex auf dem Rupertsberg wahrscheinlich. „Als Vorbild dürfte eine illuminierte, heute verlorene Handschrift aus dem späten 12. Jahrhundert gedient haben, deren Motive zwar im Detail getreu, aber dennoch mit Anklängen an den neuen, nun frühgotischen Zeitstil nachgeahmt wurden. Komposition, Silhouette und Raum entsprechen noch dem romanischen Verständnis, während vor allem Hoheit, Stofflichkeit und Körperlichkeit der Figuren bereits auf die beginnende Gotik verweisen“.[24]

Hildegards Visionen

Bemerkenswert an den Illustrationen der beiden Codices sind zunächst die Autorinnenbilder. Die *Scivias*-Handschrift vom Rupertsberg zeigt als erste der 35 Miniaturen die Heilige Hildegard beim Empfang ihrer Visionen. (Abb. 7) Sie sitzt als benediktinische Ordensschwester gekleidet vor einem leuchtend goldenen Hintergrund im Innern einer mit zwei Türmen flankierten Ädikula. Ihre Füße ruhen auf einem Schemel, auf den Knien hält sie eine Wachstafel, die sie mit einem Griffel beschreibt. Über ihrem Haupt züngeln fünf rote Flammen aus dem blauen (Himmels-) Gewölbe herab. Von außen blickt ein Mönch, wohl ihr Mitarbeiter Volmar, durch das Fenster herein. In der Hand trägt er ein (noch) unbeschriebenes Pergament.

Alle Visionsbilder Hildegards haben mehrere Bedeutungsebenen. So auch das Autorinnenbild der *Scivias*-Handschrift. Der goldene Hintergrund und die Flammenzungen symbolisieren die Gegenwart Gottes. Die umschließende Architektur lässt sich zunächst als das Kloster auf dem Rupertsberg deuten. Trotz ihrer zahlreichen Reisen ist Hildegard in dieser Miniatur in der Art einer Inklusin dargestellt. Die Einhausung kann als ein Symbol dafür gelesen werden, dass die Visionen Hildegards eine innerliche Tätigkeit sind. Zudem stellt das Autorinnenbild sie auf diese Weise als eine Frau dar, die offenbar schutzbedürftig und schwach ist. Dass ausgerechnet eine schwache Frau zu einer göttlich inspirierten Autorin wird, gerade daran zeigt sich das wundersame Wirken Gottes. Körperliche Gebrechlichkeit, Krankheit und das wiederholte Bekunden der eigenen Ungelehrtheit sind literarische Topoi, derer sich zahlreiche mittelalterliche Autoren und Autorinnen bedienen, *„doch kaum eine hat ihre schriftstellerische persona so grundlegend mit ihrer körperlichen Befindlichkeit assoziiert wie Hildegard von Bingen“*.[25] Dabei betont Hildegard, die von sich als *mulier paupercula* (armselige Frau) oder *simplex homo* (schlichter Mensch) spricht, in gekonnter literarischer Inszenierung, dass ihre körperliche Genesung mit dem Fortschreiten ihrer Verkündigungen einhergeht.[26] Hildegards Körperhaltung und Größe im Visionsbild entsprechen nicht der einer von der Arbeit gebeugten und in Demut verharrenden Frau, sondern

[24] Wilhelmy 1998, S. 245.
[25] Vgl. Graf 2002, S. 96–101, Zitat S. 99; ferner Hildegard 1990b, S. 62.
[26] Vgl. Hildegard 1990b, Einleitung von Walburga Storch, S. XVIII; ferner Graf 2002, S. 100.

Abb. 8: Hildegard, Volmar und Richardis, *Liber Divinorum Operum*, um 1220/30, Lucca, Biblioteca Statale, Cod. 1942

Abb. 9: Moses mit den Gesetzestafeln, Detail aus der *„Synagoge"*, Rupertsberger *Scivias*, um 1165 (Kopie 20. Jh.), Eibingen, Abtei St. Hildegard

stellen eine konzentriert und selbstbewusst im Namen Gottes sprechende Prophetin vor.[27]

Noch deutlicher wird dies im ersten von gleich zehn Autorinnenbildern des Lucca-Codex' (Abb. 8). Wiederum in einer Ädikula sitzt Hildegard dieses Mal an einem Tisch und schaut mit erhobenem Haupt in das durch rote Flammen symbolisierte göttliche Licht. Gleichzeitig schreibt sie auf eine von zwei Wachstafeln. Im gegenüberliegenden Raum beugt sich Hildegards Mitarbeiter über einen Codex und überträgt, was Hildegard notiert hat. Ihrer Form nach erinnern die Wachstafeln an ein Diptychon, wie es zur Darstellung der Gesetzestafeln des Mose üblich war. Katrin Graf kann anhand des Autorinnenbildes des Rupertsberger Codex' überzeugend nachweisen, dass sich Hildegard bewusst in die Tradition des Erzpropheten Mose stellt, der in der Miniatur zur fünfzehnten Vision des *Scivias* eben diese Gesetzestafeln emporhebt.[28] (Abb. 9). Auch Wibert von Gembloux, der spätere Sekretär Hildegards, stellt in seiner Hildegard-Vita eine Analogie zwischen Hildegard und ihrem Mitarbeiter Volmar bzw. Moses und Aa-

[27] Vgl. Graf 2002, S. 111.
[28] Vgl. Graf 2002, S. 106.

ron her.[29] Durch Hildegard spricht – wie schon durch Mose – der Herr, beide haben für die Verkündigung einen Priester an ihrer Seite.[30]

Im ersten Autorinnenbild des Lucca-Codex' verharrt hinter Hildegard zudem eine Ordensschwester mit untätig übereinandergelegten Händen (Abb. 8). Sie wird als Richardis von Stade gedeutet und hat in der Darstellung die Aufgabe einer Augenzeugin.[31] Graf vermutet in ihr zudem das Selbstbildnis der Malerin, was durchaus plausibel erscheint, schließlich kann diese erst tätig werden, nachdem die Seherin ihre Visionen notiert hat. Der Ordensschwester kommt so eine doppelte Funktion für die Authentizität der Visionsschrift zu, nämlich als Augenzeugin und Malerin.[32]

Hildegard ist von einer tiefen kosmischen Spiritualität geprägt. Ihre komplexen Visionsbilder zeigen Mensch und Natur als völlig von Gott durchdrungene Schöpfung. In der zweiten Miniatur des *Scivias* (Vision I,1) thront die leuchtende Gestalt Gottes auf einem eisernen Berg (vgl. Abb. Kat.-Nr. 2.1.) Von ihm herab strömt Licht und umhüllt das „Haupt" einer kleinen Gestalt am unteren rechten Bildrand. Hildegard beschreibt die kindliche Gestalt im farblosen Gewand (Abb. 10): *„Sie strebt nicht stolzen Herzens nach Beifall, sondern liebt Einfalt und geistige Nüchternheit; nicht sich, sondern Gott schreibt sie – wie in ehrfürchtiger Unterwerfung erbleichend – ihre gerechten Werke zu, wie das farblose Gewand zeigt, und folgt getreulich den lichten Spuren des Gottessohnes"*.[33] Hildegard steht mit dieser Deutung ganz in der augustinischen Tradition: Aus sich heraus vermag der Mensch nichts, alles Gute geht auf die Wirkung der göttlichen Gnade zurück. Die Wurzel aller Tugenden ist daher die Demut, da der demütige Mensch begreift, dass ihm die Gnade nur geschenkt werden kann. Das Visionsbild zeigt außerdem einen eisernen Berg mit kleinen Rundbogenfenstern, durch die blasse Gesichterpaare schauen. Sie symbolisieren Menschen, die sich aus dem göttlichen Licht in eine enge Behausung zurückgezogen haben und eigensinnig niedere Ziele verfolgen: *„Sie geben selbst ihre Lauheit und Lau-*

Abb. 10: Die Erleuchtete, Detail aus „Der Leuchtende", Rupertsberger *Scivias,* um 1165 (Kopie 20. Jh.), Eibingen, Abtei St. Hildegard

[29] Vgl. Graf 2002, S. 107f.
[30] Vgl. Ex 4,14ff.
[31] Der Augenzeugin fehlt die linke Pupille. Es ist ohne Ansicht des Originals nicht zweifelsfrei zu entscheiden, ob dies auf eine Schadstelle zurückzuführen ist oder dem ursprünglichen Zustand entspricht. Katrin Graf stellt in ihrer ansonsten überzeugenden Dissertation Überlegungen zu diesem Umstand an, die nicht gänzlich plausibel erscheinen. Das von ihr angeführte Vergleichsbeispiel eines einäugigen Augenzeugen ist irrtümlich, denn das Einzelblatt eines *Registrum Gregorii* aus der Stadtbibliothek Trier, Hs. 171/1626 zeigt einen Schreiber mit zwei Augen, vgl. Egbert 1993, Bd. 1, S. 81 und Tafel 31 bzw. Graf 2002, S. 119f.
[32] Vgl. Graf 2002, S. 121f.
[33] Hildegard 1990b, S. 11.

Abb. 11: Der Sündenfall, Rupertsberger *Scivias*, um 1165 (Kopie 20. Jh.), Eibingen, Abtei St. Hildegard

terkeit zu erkennen; bald erschlaffen Herz und Tun der Menschen, bald sind sie von Ehrfurcht angestachelt“.[34]

In der nachfolgenden Miniatur (Vision I,2) meditiert Hildegard die beiden biblischen Schöpfungsberichte und den Sündenfall des Menschen (Abb. 11).[35] Sie erläutert den Anfang des Bösen in der Welt, das Verhältnis von Mann und Frau sowie den Weg zur Erlösung. Das gesamte obere Bilddrittel ist von leuchtenden Sternen bedeckt, die Engel im Lichtglanz Gottes symbolisieren: *„Als sie nämlich von Gott geschaffen wurden, rissen sie keine stolze Erhebung an sich, sondern verharrten starkmütig in der göttlichen Liebe“.*[36] Auch Luzifer, der *„Lichtträger“* (lat. *lux* = Licht, *ferre* = tragen, bringen), *„stand zu Beginn seiner Erschaffung so prächtig und groß da, dass ihm nichts an Schönheit und Stärke abzugehen schien. Als er daher seine Schönheit betrachtete und seine große Kraft bei sich erwog, verfiel er dem Stolz. Dieser verhiess ihm die Ausführung seines eigenen Willens* […]“.[37] In einem wei-

[34] Hildegard 1990b, S. 12.
[35] Gen 1,1-2,4a; 2,4b-24 bzw. 3,1-24.
[36] Hildegard 1990b, S. 16.
[37] Hildegard 1990b, S. 17.

Abb. 12: Luzifer und die herabfallenden Gestirne, Rupertsberger *Scivias*, um 1165 (Kopie 20. Jh.), Eibingen, Abtei St. Hildegard

teren Visionsbild (Vision III,1) greift Hildegard das Motiv erneut auf (Abb. 12). Es zeigt im oberen Drittel ebenfalls leuchtende Sterne, darunter jedoch niedersinkende, schwarze, d.h. erloschene Sterne. Sie symbolisieren Luzifer und alle anderen Geschöpfe, die glauben, aus sich selbst heraus leuchten und leben zu können. Hildegard erklärt weiter Luzifers fatalen Hochmut: *„Und er* [Luzifer] *sprach in seinem Herzen so von Gott: Dort will ich glänzen wie der da“.*[38] Der gleichen Hybris verfallen Adam und Eva im Paradies. Sie essen vom Baum der Erkenntnis, weil sie werden wollen wie Gott. Auch hier steht Hildegard in der Tradition des heiligen Augustinus: Mit dem Urvater Adam haben alle Menschen gesündigt und wurden aus dem Paradies vertrieben. Die Miniatur (vgl. Abb. 11) zeigt Adam in dem Moment, als Eva aus seiner Seite geschaffen wird. Die Urmutter ist in der Gestalt einer strahlenden Wolke mit unzähligen Sternen dargestellt, da sie *„das ganze Menschengeschlecht leuchtend in ihrem Schoß“* trug.[39] Beide schweben über den Paradiesbäu-

[38] Hildegard 1990b, S. 17.
[39] Hildegard 1990b, S. 20f.

Abb. 13: Beseelung des Kindes im Mutterleib (Detail), Rupertsberger *Scivias*, um 1165 (Kopie 20. Jh.), Eibingen, Abtei St. Hildegard

men und sind kurz davor, von einem schlundartigen, dunklen Höllengebilde gepackt zu werden. Durch die Vertreibung aus dem Garten Eden sind die zuvor bestehende Harmonie und der Zustand der Unschuld des ersten Menschenpaares empfindlich gestört. Beide erkennen ihre Nacktheit. Mit Augustinus deutet Hildegard das Erkennen der Nacktheit und die daraus folgenden sexuellen Triebe als Resultat des Sündenfalls. Aus diesem Grund erläutert die Prophetin im Anschluss daran das Verhältnis von Mann und Frau und in aller Ausführlichkeit sittliche Verhaltensregeln.

In Vision I,4 befassen sich zwei szenenreiche Visionsbilder mit dem Lebensweg des Menschen. Das erste Visionsbild (Abb. 13) zeigt in der linken unteren Bildhälfte die Beseelung eines Kindes im Mutterleib durch das göttliche Licht. In der gegenüberliegenden Bildhälfte schildern fünf kleinere Einzelszenen die Anfechtungen, denen die Seele im Laufe ihres Lebensweges ausgesetzt ist. Teufel und Untiere quälen die als zarte, nackte Gestalt dargestellte Seele durch ihre eigenen Begierden und rufen Zorn, Hass und

Abb. 14: Die Seele beim Verlassen ihres Leibes (Detail), Rupertsberger *Scivias*, um 1165 (Kopie 20. Jh.), Eibingen, Abtei St. Hildegard

Stolz hervor. Ängstlich ruft sie aus: *„Ach, ich arme Pilgerin! Wie kann ich diese Gefahren bestehen? Und wenn mich teuflische Einflüsterung anfällt [...] Was soll ich dann tun?“*[40] Die Erinnerung der Seele an ihre Heimat, d.h. ihre göttliche Herkunft, ist in der Vision symbolisiert durch ein Zelt in der oberen rechten Bildecke. Es hilft der Seele tapfer zu widerstehen. Sie ruft aus: *„O Gott, hast du mich nicht erschaffen? Sieh nur, wie mich die verächtliche Erdhaftigkeit erdrückt. [...] Doch die Vernunft, die in meiner Erkenntnis lebt, zeigt mir, dass ich von Gott geschaffen bin“*.[41]

Hildegard erklärt in dieser Vision mithilfe einer Allegorie, was den Menschen wirklich ausmacht, nämlich das Zusammenwirken von Leib und Seele: *„Die Seele ist also im Leib, was der Saft im Baum ist, und ihre Kräfte sind gleichsam die Gestalt des Baumes. Wieso? Der Verstand in der Seele gleicht dem Grün der Zweige und Blätter des Baumes, der Wille aber den Blüten daran, das Gemüt seiner ersten hervorgebrachten Frucht, die Vernunft der vollausgereiften Frucht, das Empfindungsvermögen jedoch seiner Ausdehnung in Höhe und Breite. Auf diese Weise wird der Leib des Menschen von der Seele gefestigt und gestützt. Darum, o Mensch, erkenne, was du durch deine Seele bist, der du die gute Einsicht verwirfst und dich mit den Tieren gleichstellen möchtest“*.[42]

Das zweite Visionsbild dieser Schau zeigt die Seele beim Verlassen ihres Leibes (Abb. 14). In der unteren Bildhälfte entsteigt sie als kleine durchscheinende Gestalt dem Körper eines Menschen. Sogleich ringen Engel und Teufel um sie. Entsprechend ihrer Taten erwarten sie Höllenqualen oder der Himmel, der im oberen Bilddrittel durch den Paradiesgarten und eine an die himmlische Stadt Jerusalem erinnernde Architektur dargestellt ist. Am Ende der Vision ermahnt Hildegard – selbst in Erwartung der Endzeit und ganz in der Tradition der alten Pro-

[40] Hildegard 1990b, S. 63.
[41] Hildegard 1990b, S. 63.
[42] Hildegard 1990b, S. 76.

pheten – eindringlich zur Umkehr und zum Glauben. Wie die Neuordnung der Welt nach dem Weltgericht zu erwarten ist, erläutert sie in Vision III, 12. Das Visionsbild zeigt in harmonisch übereinanderstehenden Kreisen den völligen Einklang der Schöpfung. Die Auslegung der Vision ist zu großen Teilen in Versen abgefasst. Von der Jungfrau Maria über die Heiligen bis hin zu den Tugendkräften stimmen alle in die himmlischen Lobgesänge ein.

Hildegards visionäres Ziel

Hildegards Visionen versuchen in Worte und Bilder zu fassen, was der Ursprung jedweder Energien, d.h. *virtutes*, im Kosmos und damit auch im Menschen ist: die Liebe Gottes zu seiner Schöpfung. Aus der Tatsache, dass der Mensch nicht nur aus einem Körper besteht, sondern als beseeltes Wesen die Liebe Gottes in sich trägt, ergibt sich für Hildegard eine große Verantwortung, ein Weltauftrag. Der Mensch hat mit Augenmaß für seine Umwelt und sich zu sorgen, „*nicht zuletzt im Umgang mit seinem Leib und seiner Seele, die wie Geliebte aufeinander Rücksicht nehmen müssen, soll das ganze Werk des Menschen gelingen*".[43] Als unüberbietbaren Liebesbeweis Gottes zum Menschen und als vollkommene Verbindung von Geist und Materie sieht Hildegard die Menschwerdung Gottes in Jesus Christus.

Daher steht im Zentrum ihrer reifsten Visionsschrift, dem *Liber Divinorum Operum*, als Dreh- und Angelpunkt der Johannes-Prolog und seine Auslegung. Hildegard beendet damit ihre umfangreiche 4. Vision, die dem Aufbau des Firmaments gewidmet ist und alle Bereiche des Gott-Welt-Mensch-Kosmos in Beziehung setzt. Wegen der Schlüsselbedeutung im Werk Hildegards sind beide Textpassagen hier gekürzt wiedergegeben: „*Im Anfang war das Wort, und das Wort war bei Gott, und das Wort war Gott. Im Anfang war es bei Gott. Alles ist durch das Wort geworden und ohne das Wort wurde nichts, was geworden ist. In ihm war das Leben und das Leben war das Licht der Menschen.* [...] *Das wahre Licht, das jeden Menschen erleuchtet, kam in die Welt.* [...] *Allen aber, die ihn aufnahmen, gab er Macht, Kinder Gottes zu werden, allen, die an seinen Namen glauben, die nicht aus dem Blut, nicht aus dem Willen des Fleisches, nicht aus dem Willen des Mannes, sondern aus Gott geboren sind. Und das Wort ist Fleisch geworden und hat unter uns gewohnt und wir haben seine Herrlichkeit gesehen, die Herrlichkeit des einzigen Sohnes vom Vater, voll Gnade und Wahrheit*".[44]

Hildegard erklärt dazu: „*So also hat das WORT Fleisch angenommen, weil das WORT und das Fleisch eins sind; aber nicht so, dass sich das eine in das andere verwandelte, sondern dass sie eins sind in der Einheit der Person. Auch der Leib ist das Gewand der Seele, und die Seele hat mit dem Leib zusammen die Pflicht zu wirken. Der Leib wäre nichts ohne die Seele, und die Seele würde ohne den Leib nicht wirken. Daher sind sie im Menschen eins, sie sind der Mensch. So ist das Werk Gottes, der Mensch, nach dem Bild und Gleichnis Gottes gemacht* (Abb. 15)".[45]

[43] Hildegard 1998a, S. 10 in der Einführung von Mechthild Heieck.
[44] Joh 1,1–14.
[45] Zitiert nach der Übersetzung Hildegard 1998a, S. 250; vgl. ferner den gesamten Text auf S. 234–251.

Abb. 15: Der nach Gottes Ebenbild geschaffene Mensch, Detail aus der zweiten Vision „Die Elemente im Bau der Welt“ (s. Kat.-Nr. 4.2.), *Liber Divinorum Operum*, um 1220/30, Lucca, Biblioteca Statale, Cod. 1942

Die Gottebenbildlichkeit des Menschen ist nicht neu in der Theologie. Ungewöhnlich ist jedoch Hildegards starke Betonung des Zusammenwirkens von Leib und Seele. Aus dem Zusammenwirken von Leib und Seele leitet Hildegard letztlich auch das gute Zusammenwirken von Mann und Frau her. In der Störung des Leib-Seele-Gleichgewichts sieht Hildegard die Ursache für das Böse in der Welt. Das Fleisch steht nach Hildegard stets in der Gefahr der Ich-Sucht, d.h. der rücksichtslosen Gier, die blind macht für die anvertrauten Menschen und die gesamte Umwelt. Genährt wird diese Ich-Sucht von dem falschen Glauben, aus sich selbst heraus leben und die eigene Person über alles stellen zu können.[46] Diese Gier macht die Liebe zum Schöpfer und einen liebend-verantwortlichen Umgang mit seiner Schöpfung unmöglich. Die Folge ist Chaos. Letztlich verliert die menschliche Seele ihre Bindung zum Schöpfer und son-

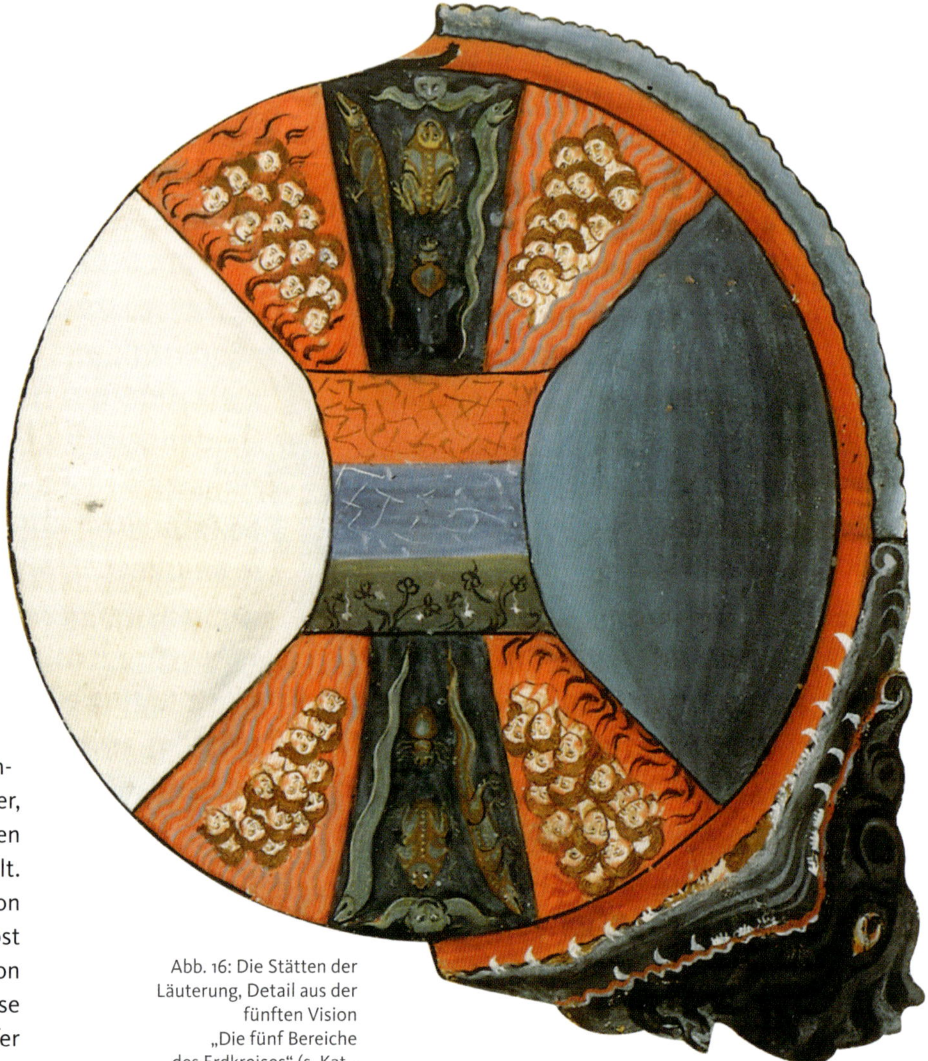

Abb. 16: Die Stätten der Läuterung, Detail aus der fünften Vision „Die fünf Bereiche des Erdkreises" (s. Kat.-Nr. 4.5.), *Liber Divinorum Operum,* um 1220/30, Lucca, Biblioteca Statale, Cod. 1942

[46] Darin liegt die Kernbotschaft der Schöpfungsgeschichte von Gen 2-3. Die Ursünde ist die Hybris des Menschen, sein zu wollen wie Gott. Hildegard von Bingen konnte sich jedoch nicht von der in ihrer Zeit gängigen theologischen Lehre befreien, dass die Erbsünde durch den konkupiszentiellen Zeugungsakt übertragen werde. „*Daher zieht sich die Spannung zwischen Geschlechtlichkeit als Gottes guter Schöpfung und als Gefahrenquelle und Perversion durch ihr ganzes Werk, indem sie versucht, mit ihrer Unterweisung die Menschen vom incendium libidinis* [Feuer der Begierde, Anm. d. Verf.] *ab- und zur durch Christus heilen Schöpfung hinzubewegen* (...)", so Gössmann 1985, S. 33. Vgl. ferner Angenendt 2000, S. 283 und S. 407.

dert sich ab. In dieser Ab-Sonderung gründet jede weitere Ausformung der Sünde.

Nach Hildegard hat die Seele auch die Fähigkeit zur Unterscheidung von Gut und Böse. Der Kampf zwischen diesen beiden Prinzipien findet also im Menschen selbst statt.[47] Daher liegt es auch in der freien Entscheidung eines jeden Menschen selbst, ob er sich Gott zuwendet und Verantwortung für die Schöpfung übernimmt oder in die Gottesferne – die Sünde – emigriert.

Hildegards Gottes- und Menschenbild – aktueller denn je?

Auf die anfangs gestellte Frage, was so anhaltend an Hildegard von Bingen fasziniert, lassen sich vielfältige Antworten finden. Hildegard selbst war eine wortgewaltige Gelehrte, eine geschliffene Theologin und mutige Mahnerin, sie war Vorbild für viele Ordensschwestern und sicher eine charismatische Persönlichkeit, die sich bedingungslos in den Dienst Gottes gestellt hat.

In gewisser Weise hatte Hildegard von Bingen es als Kind des 12. Jahrhunderts leichter als wir. Die gesellschaftliche Ständeordnung, die christliche Weltanschauung und nicht zuletzt ihr Leben nach der Benediktsregel gaben ihrer Weltsicht eine klare Struktur, die Gut und Böse, Himmel und Hölle (Abb. 16) noch eindeutig zu unterscheiden wusste. Aber der Weg zurück ins Ordo-Denken des Mittelalters ist ein für allemal verschlossen. Wir denken nicht ganzheitlich, wir denken – und das scheint notwendig als Mensch in einer postmodernen Gesellschaft – kategorial. Dennoch, die Sehnsucht danach zu begreifen, was uns und die Welt im Innersten zusammenhält, ist nicht kleiner geworden. Allein die Anzahl der verkauften Hildegard-Bücher, gleich ob mit wissenschaftlichem oder rein erbaulichem Charakter, spricht eine klare Sprache. Dennoch: Ihre Schriften sind außerordentlich komplex, um ihr Begreifen muss man ringen. In ihnen werden Bilder und Analogien aneinandergereiht, und es werden Sachverhalte auf eine Weise verschränkt, die mit einer analytischen Weltsicht und moderner Wissenschaft kaum vereinbar sind. Nicht zuletzt liegt wohl gerade darin die unverminderte Kraft von Hildegards Visionen.

Die Texte und Illustrationen zeigen uns Bilder, die – neben aller theologischen Tiefe und göttlichen Offenbarung – zusätzlich als leistungsstarke Projektionsfläche dienen. Sie spiegeln eben auch, was der Betrachter in ihnen sieht, sehen kann oder sehen will. Dadurch sind sie mitnichten beliebig, genauso wenig wie das Spiegelbild eines Menschen beliebig ist. Hildegards Visionen halten jedem einzelnen, sofern er sich auf sie einlässt, den Spiegel vor. Nicht zuletzt helfen sie auch dabei, anderen den Spiegel vorzuhalten. Eine gute Möglichkeit, um der Ich-Sucht zu entkommen. Das ist nicht immer angenehm, häufig aber sehr heilsam. Und diese Feststellung ist wohl ganz im Sinne der heiligen Hildegard.

[47] Vgl. Altenburg 2007, S. 25.

Hildegard von Bingen: Nachleben[1]

von Helmut Hinkel

Schon zu Lebzeiten Hildegards – vielleicht sogar bereits von ihr selbst – wurde eine potentielle Heiligsprechung ihrer Person ins Auge gefasst. Spätestens ab den siebziger Jahren des 12. Jahrhunderts überarbeitete man auf dem Rupertsberg nicht nur ihre Schriften systematisch im Hinblick auf eine positive Selbstdarstellung.[2] Auch eine Vita, die sich noch auf autobiographisches Material stützen konnte, wurde von ihren Sekretären begonnen. Das erste Buch dieser Lebensbeschreibung verfasste um 1174/75 der Mönch Gottfried vom Disibodenberg (gest. 1175/76), das zweite und dritte wurde zwischen 1180 und 1190 von Theoderich von Echternach erarbeitet.[3] Eine zweite, 1179 begonnene Vita verdanken wir der Anregung des Kölner Erzbischofs Philipp von Heinsberg (1167-1191), der den Mönch Wibert von Gembloux (gest. 1213/14) beauftragte, Hildegards Leben darzustellen. Aus beiden Viten entstand dann im Kloster Gembloux (Belgien) eine dritte, die, aus dem 13. Jahrhundert stammend, in acht Lesungen unterteilt war, also zu liturgischen Zwecken für den Festtag der Heiligen geschrieben wurde.[4] Die, gleich den Mönchen von Gembloux und von St. Eucharius in Trier, mit Hildegard befreundeten Benediktiner von Villers (bei Brüssel) sandten im Jahre 1181 dem Rupertsberger Konvent einen Trostbrief, in dem sie die Verstorbene ein *„Beispiel der Heiligkeit“* nennen, der der Titel einer Heiligen gebühre (Abb. 17). Außerdem fügten sie noch einen neunstrophigen Hymnus bei, der zweifellos für das Festoffizium gedichtet worden war.

Für die genannten Klöster bestand also kein Zweifel an Hildegards Heiligkeit, und sie bemühten sich, ihren Kult auszubreiten. So sicher war den Verehrern Hildegards und den Nonnen vom Rupertsberg die bevorstehende Kanonisation, dass sie ihre ehemalige Äbtissin auf dem berühmten Rupertsberger Antependium, entstanden um 1230, erstmals als Heilige mit Nimbus darstellten (Abb. 2). Tatsächlich beantwortete Papst Gregor IX. (1227-1241) am 27. Januar 1227 einen entsprechenden Antrag des Konventes vom Rupertsberg zustimmend. Propst Gerbod, Dekan Walter und Scholaster Arnold vom Mainzer St. Peter-Stift sollten Leben und Wunder der Verstorbenen prüfen. Doch die Kommissare versagten völlig. Ihren vom 16. Dezember 1233 datierten Bericht musste der Papst zurückweisen, weil er zu ungenau und zu allgemein gehalten war. So fehlten Namen

[1] Der vorliegende Beitrag ist eine gekürzte, aber, vor allem in den Fußnoten, überarbeitete und aktualisierte Fassung meines Beitrages „St, Hildegards Verehrung im Bistum Mainz“.
In: Hildegard-Festschrift 1979, S. 385-411. Genaue Nachweise zu einzelnen Passagen s. dort.
[2] Van Acker 1988, S. 166-168.
[3] Newman 1997, S. 126 ff.
[4] Zu Hildegards Vita, deren Überlieferung und Kompilation grundlegend die Edition von Klaes 1993.

Abb. 17: Hl. Hildegard,
Bernhard Kraus, 1911/12,
Bingen-Dietersheim, Pfarrkirche
St. Gordianus und Epimachus

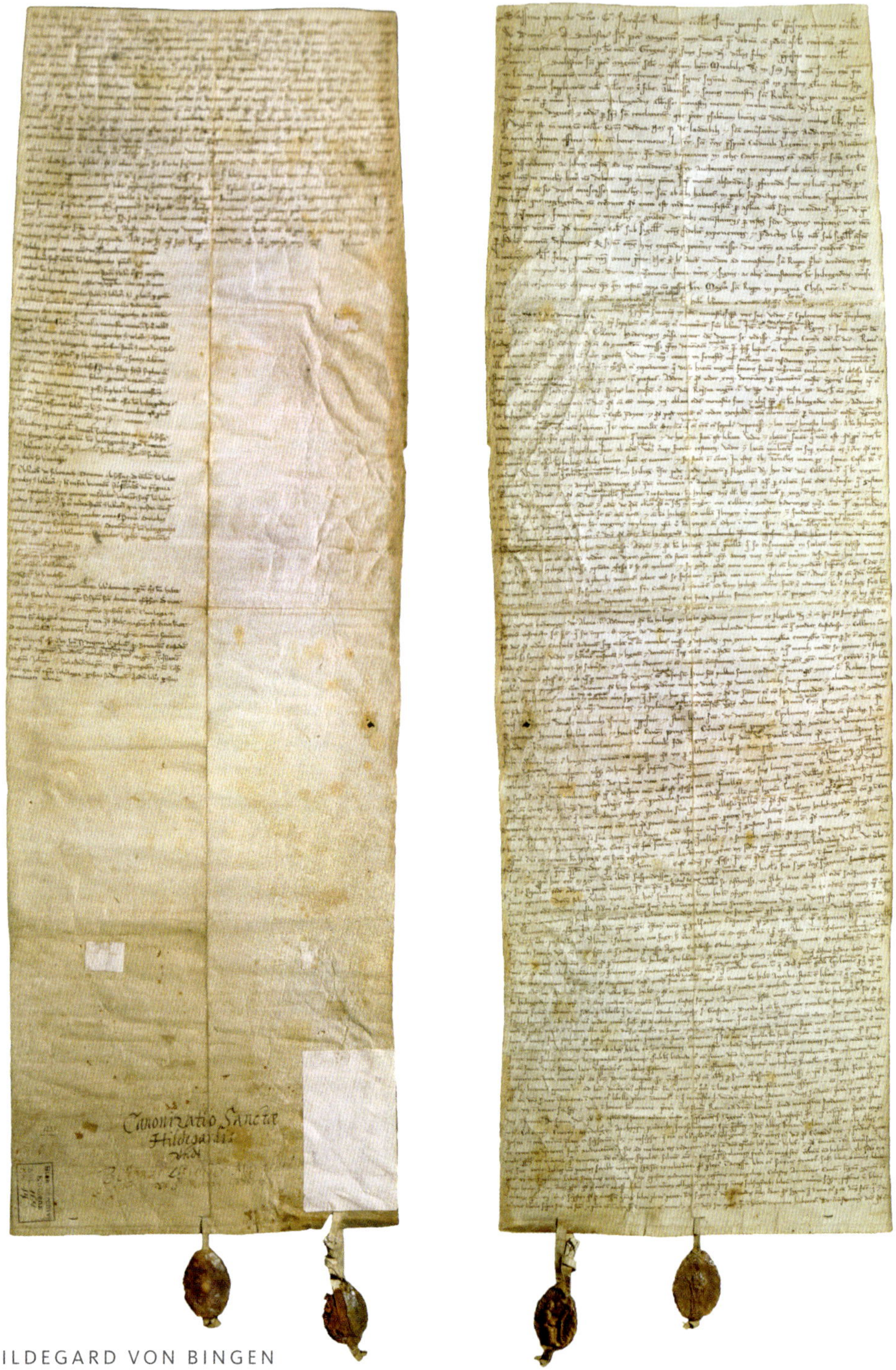

Abb. 18: Protokoll zur Heiligsprechung Hildegards, Mainz, 16. Dezember 1233 (mit späteren Ergänzungen), Koblenz, Landeshauptarchiv

von Geheilten und Zeugen der Wunder ebenso wie genaue Orts- und Zeitangaben. In einem Schreiben vom 6. Mai 1237 befahl der Papst eine neuerliche Untersuchung und ernannte als Kommissare einen Dekan, einen Scholaster (beider Namen sind unbekannt) und einen Kanonikus Walter aus Mainz, die offenbar aber überhaupt nichts unternahmen, so dass Papst Innozenz IV. (1243-1254) am 24. November 1243 mahnen musste. Eine neue Kommission verbesserte das Protokoll von 1233 an etwa 53 Stellen und machte noch ein nach 1233 geschehenes Wunder und einige damals vergessene Heilungen namhaft. Das überarbeitete Originalprotokoll vom Rupertsberg (Abb. 18) befindet sich heute im Landeshauptarchiv Koblenz, und es bleibt fraglich, ob überhaupt ein Bericht nach Rom gelangte. Jedenfalls unterblieb eine feierliche Kanonisation Hildegards.[5] Zu bedenken bleibt, dass der Prozess in Mainz verschleppt wurde, vielleicht durch die Unfähigkeit der Kommissare, vielleicht aber auch aus Absicht, weil man auf dem Rupertsberg keine große Wallfahrtsstätte dulden wollte. Nicht zu vernachlässigen ist außerdem der grundsätzlich konservative Zuschnitt des Mainzer Heiligenkalenders, der seit dem 10. Jahrhundert im wesentlichen abgeschlossen war. Man widmete sich vorzugsweise einer angemessenen Vorbereitung der kirchlichen Hochfeste und öffnete sich „neuen Heiligen" nur widerwillig.[6] Trotz des Scheiterns der Kanonisation riss die Verehrung der Gläubigen am Grabe der Heiligen nicht ab. Besonders am Todestag (17. September) wallten viele Menschen dorthin. In ihrem Kloster selbst beging man neben dem Rupertstag und der Kirchweihe feierlich das Hildegardisfest. Zum Zeichen der Unterwerfung unter das Mutterkloster mussten die Eibinger Nonnen an den beiden letztgenannten Tagen den Gottesdienst auf dem Rupertsberg mitfeiern. Aber die liturgische Verehrung blieb zwangsläufig auf die von Hildegard gegründeten Konvente sowie befreundete Klöster, z. B. Villers, Gembloux oder St. Eucharius in Trier, beschränkt. Im Zisterzienserkloster Eberbach im Rheingau kannten und lasen die Mönche die Lektionen von Gembloux, das geht aus einer Andeutung des Priors Gebeno hervor, der zwischen 1220 und 1224 aus den Werken Hildegards ein *„Speculum futurorum temporum"* oder *„Pentachronon"* zusammenstellte. Dieses Buch, es ist in über 50 Handschriften erhalten, machte Hildegard im Mittelalter als Prophetin eigentlich erst berühmt. Gebeno schreibt immer nur von der *„heiligen"* Hildegard, und so wird sie auch von anderen mittelalterlichen Schriftstellern bezeichnet.

Im Jahre 1324 erbaten die Rupertsberger Nonnen einen Indulgenzbrief aus der damaligen päpstlichen Residenz Avignon, damit die Besucher ihrer Nikolauskapelle an bestimmten Tagen einen Ablass gewinnen könnten. Am 5. Dezember 1324 gewährten zwölf Bischöfe je 40 Tage Ablass; der Mainzer Erzbischof bestätigte den Brief am 18. Februar 1325 und fügte seinerseits 40 Tage hinzu. Unter den ausgezeichneten Festen befand sich auch der Hildegardistag. Die Heilige erscheint an prominenter Stelle zwischen der hl. Mutter

[5] Jüngster Beitrag zur Kanonisation: Krasenbrink 1997.
[6] Im liturgischen Kalender des Mainzer Domes gab es um 1500 (!) im ganzen nur vier Heilige, die nach der Jahrtausendwende gelebt hatten: Gotthard von Hildesheim (gest. 1038), Bernhard von Clairvaux (gest. 1153), Thomas von Canterbury (gest. 1170) sowie Elisabeth von Thüringen (gest. 1231), vgl. Staab 1990, S. 38 f.

Abb. 19: Ablassurkunde für das Kloster Rupertsberg, Avignon, 14. Juni 1342, Koblenz, Landeshauptarchiv

Anna und der ebenfalls vielverehrten hl. Barbara. Eine noch ausdrucksvollere Bestätigung der nicht angezweifelten Heiligkeit Hildegards besitzen wir mit einem zweiten Indulgenzbrief aus Avignon vom 14. Juni 1342, in dem ein Erzbischof und elf Bischöfe je 40 Tage Ablass für die Rupertsberger Marienkapelle ausstellten (Abb. 19). Auch für das 15. Jahrhundert künden einige Kunstwerke von der andauernden Verehrung Hildegards, so die Tonstatue in der Pfarrkirche von Bingerbrück oder das Wandgemälde in der Liebfrauenkirche von Oberwesel, das die Heilige als

Abb. 20: Hl. Hildegard, Schedelsche Weltchronik, Nürnberg 1493, Mainz, Martinus-Bibliothek, Inc. 12

Äbtissin mit Stab und geöffnetem Buch zwischen den Heiligen Erasmus und Theodor zeigt.[7]
Außerordentlich wichtig für die weitere Verehrung Hildegards wurde die Aufnahme ihres Namens in eine Hagenauer Handschrift (1412) des *Martyrologiums Usuardi*. Auch in der Allerheiligen-Litanei der Mainzer Agende von 1480 wird Hildegard zum erstenmal in einem Mainzer liturgischen Text angerufen; sie erscheint zwischen der hl. Katharina und der hl. Margarethe. Dennoch bleiben beide Erwähnungen vorerst zufällig. Weder in den Mainzer Kalendarien, noch in den Missalen und Brevieren des Erzbistums findet sich ein Festtag zu ihren Ehren.

In den letzten Jahrzehnten vor der Reformation steigerten sich in Deutschland die Heiligenverehrung und besonders das Sammeln von Reliquien. So nimmt es nicht wunder, dass der Mainzer Erzbischof Berthold von Henneberg (1484-1504) am 17. November 1489 durch den Generalvikar Wolfgang von Bicken und Dr. Johann Bertram von Numberg im Beisein der Äbtissin Adelheid von Reifenberg (1469-1493) und des Kanonikus Peter Nothaft das Grab Hildegards öffnen ließ, in der vergeblichen Hoffnung, außer den Gebeinen auch die Heiligsprechungsurkunde zu finden.[8]

Ein besonderer Verehrer entstand der Meisterin vom Rupertsberg in dem gelehrten Abt von Sponheim, Johannes Trithemius (1462-1516). In mehreren seiner Werke erwähnt dieser sie rühmend, wenn er auch durch einige zweifelhafte oder falsche Angaben über ihr Leben den Historikern Mühe verursachte. Zweifellos auf seine Anregung hin erfolgte 1498 eine zweite Erhebung der Gebeine, bei der er und der ganze Konvent zugegen waren. Als Reliquie erbat der Abt einen Arm der Verehrten, *„mit dem sie viel Gutes während ihres Lebens getan hatte“*. Offenbar verwahrte man die restlichen Gebeine in einem Büstenreliquiar. Auf Bitten der Äbtissin Guda Specht von Bubenheim (1494-1501) stellte Trithemius im gleichen Jahr zu Ehren des hl. Rupert und der hl. Hildegard je ein Messoffizium zusammen und dichtete Sequenzen dazu.

Mit dem Interesse an der Person der Seherin wuchs auch das Verlangen nach Ausgaben ihrer Werke, hatte doch Trithemius auch Listen ihrer Schriften veröffentlicht. Nachdem der Brief an den Kölner Klerus gegen die Katharer 1474 gedruckt worden war und 1493 Hartmann Schedel Hildegard in seiner berühmten Weltchronik erwähnt und abgebildet hatte (Abb. 20), kam 1509 der Humanist Faber Stapulensis (gest. 1513) auf den Rupertsberg, wo er die Originalhand-

[7] Sebald 1997, S. 199 f.
[8] Simon 1979.

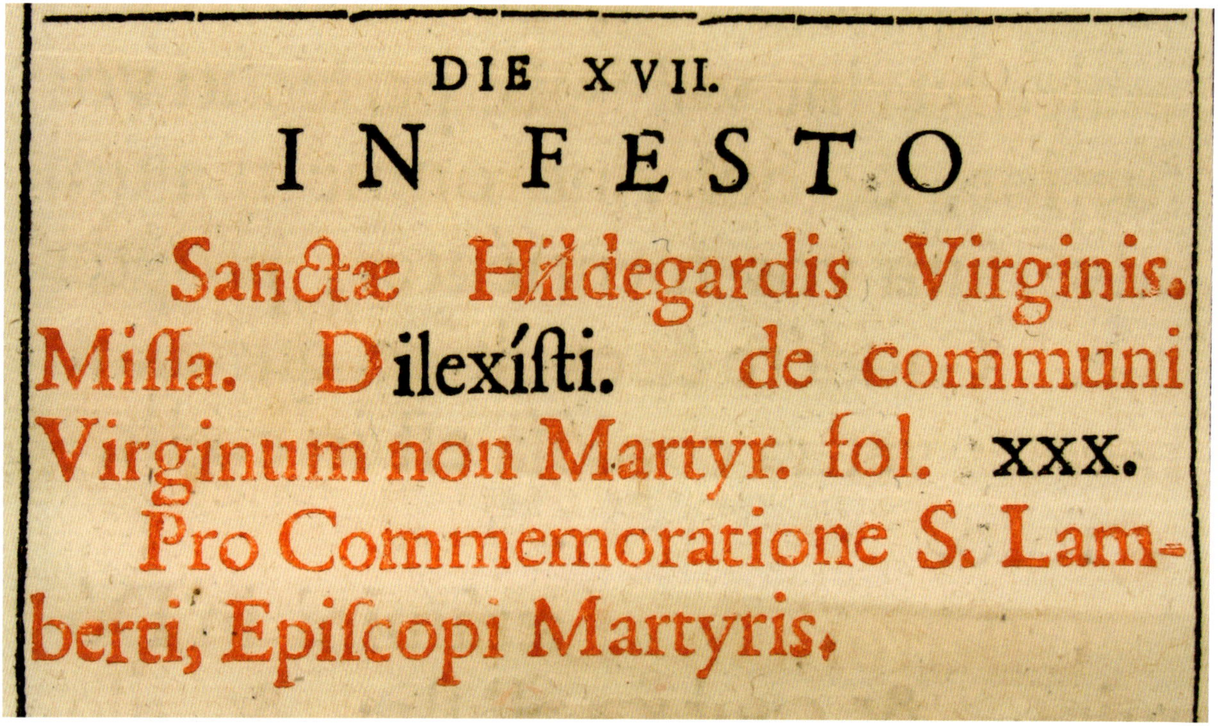
DIE XVII.

IN FESTO

Sanctæ Hildegardis Virginis.
Miſſa. Dilexíſti. de communi
Virginum non Martyr. fol. XXX.
Pro Commemoratione S. Lam-
berti, Epiſcopi Martyris.

Abb. 21: Festtag der hl. Hildegard, Missale Romano-Moguntinum, Mainz 1693, Mainz, Martinus-Bibliothek

schriften studierte. Er veranstaltete dann in Paris den Erstdruck von *„Scivias“*, den er der Äbtissin Adelheid von Ottenstein (1502-1527) widmete. Einen wichtigen Beitrag zur populären Hildegard-Verehrung lieferte daneben der Oppenheimer Stadtschreiber Jacob Köbel im Jahre 1524 mit seiner deutschen Ausgabe der Rupertus-Vita,[9] der er die erste deutsche Übersetzung der Hildegard-Vita von Gottfried und Theoderich *„Die Legend von der seligen/ jungfrawen Hildegard der Christlichen Sibilla/ und offenbarerin der heymlichen wunderwerck gotes/ die Aptißin uff sant Ruprechtsbergk gewesen ist“* beifügte. Köbel, der das Büchlein der Äbtissin Adelheid widmete, besaß persönliche Beziehungen zu dem Rupertsberger Konvent und wohl auch zu Trithemius. Sehr wichtig für die Verehrung Hildegards wurde der Druck der Gottfried- und Theoderich-Vita durch Laurentius Su-

[9] Köbel 1524. Ein Originalexemplar befindet sich heute noch im Besitz des Hildegardisklosters in Eibingen.

rius (1523-1578) im fünften Buch seiner Heiligenlegende, denn dadurch gelangte Hildegard in die Ausgabe des Römischen Martyrologiums, die Caesar Baronius (1538-1607) im Jahre 1584 veranstaltete, womit sie ins offizielle Heiligenverzeichnis der Kirche aufgenommen war. Als Kurfürst Johann Philipp von Schönborn (1647-1673) im Mainzer Erzbistum das römische Brevier einführte, ließ er für die Mainzer Eigenfeste ein Proprium erstellen, in das etliche Feste aufgenommen wurden, die sich in den alten Mainzer liturgischen Büchern nicht fanden, wie z. B. das umstrittene Willigis-Fest. Höchstwahrscheinlich wurde das Hildegardis-Fest bereits in die erste Ausgabe dieses Propriums integriert, denn gegen eine Aufnahme Hildegards konnten von Rom keine begründeten Einwände erhoben werden, da ihr Name ja in dem von Baronius bearbeiteten *„Martyrologium Romanum“* stand. Ein genauer Nachweis lässt sich jedoch nicht erbringen, weil kein Exemplar der Drucke von 1664/65 und 1667 mehr vorhanden ist. Jedenfalls erscheint im ersten erhaltenen Proprium (1673/75) unter Kurfürst Lothar Friedrich von Metternich (1673-1675) im Kalendar am 17. September *„festum s. Hildegardis, virg. Bingae et per totam Ringaviam, duplex, alii semiduplex“*. In dem neuen Römischen Missale, das Kurfürst Lothar Franz von Schönborn (1694-1724) für Mainz drucken ließ, wird im Stammteil am 17. September das Fest der Stigmatisation des hl. Franziskus genannt. Im angehefteten Proprium der Mainzer Heiligen ist der Tag der hl. Hildegard als *„semiduplex“* mit dem Text der Messe *„Dilexisti“* ausgewiesen (Abb. 21).

So war aus dem lokalen Kult einiger Klöster ein regionaler Kult für das Mainzer Erzbistum geworden. Einen bedeutsamen Auftrieb erlebte die Verehrung der Heiligen dadurch aber nicht; schon die Dürftigkeit der liturgischen Texte deutet dies an. Lediglich an den Stätten ihres Wirkens lässt sich auch weiterhin von einer wirklichen Volksverehrung sprechen. Eine Reihe barocker Kunstwerke, die vor allem in und um Eibingen herum entstanden, legen hiervon Zeugnis ab. Im Jahre 1683 konnten die dortigen Nonnen die Vollendung ihrer neuen Klosterkirche feiern, die nunmehr als Patrone Rupert und Hildegard er-

Abb. 22: Hildegard als Exorzistin, Anonymus nach Jonas Umbach, um 1770, Bingen, Rochuskapelle, Küsterhaus

hielt. Wohl für den Nonnenchor gab 1712 Äbtissin Maria Antonetta Mühl von Ulmen (1711-1740) zwei Gemälde in Auftrag, die beide Patrone darstellten. Auf den Bildern steht die Titelperson in der Mitte – Hildegard mit Kukulle, in der Rechten eine Feder, im Arm den Äbtissinnenstab haltend, zu ihren Füßen ein aufgeschlagenes Buch – umgeben von zehn Medaillons mit Szenen aus ihrem Leben. Am Deckengemälde des kleinen Saales im Kloster ließ sie (1732/40) das Sponheimer Wappen und den Namen St. Hildegardis anbringen. Auch die Altarbilder für die Seitenaltäre der Kirche, die 1770 unter Äbtissin Maria Benedikta von Dumont (1768-1780) gemalt wurden, zeigen in Lebensgröße die Patrone Rupertus *und* Hildegard (Abb. 22). Die Pfarrkirche von Fehlheim (Bergstraße) besitzt einige Holzbildwerke des 18. Jahrhunderts aus dem Kloster Eibingen, darunter eine Hildegardstatue. Barocke Kunstwerke in Kirchen der unmittelbaren Umgebung zeugen von ihrer Verehrung, so eine Holzstatue aus Geisenheim.

Niemand hätte zu Beginn des 19. Jahrhunderts ahnen können, dass es der Beginn einer Renaissance der Hildegard-Verehrung werden würde. Zwar hatte noch 1767 Papst Clemens XIII. die *„Kirche der hl. Hildegard"* in Eibingen mit einem vollkommenen Ablass ausgestattet, doch nur vier Jahrzehnte später, 1802, wird der Konvent im Zuge der Säkularisation aufgehoben; die letzten Nonnen verlassen 1814 das Kloster. Obwohl Hildegards Klöster nach 1802 nicht mehr innerhalb der Grenzen des klein gewordenen Bistums Mainz lagen, blieb ihr Fest doch in den Mainzer Proprien, da man einfach das alte erzbischöfliche von 1742 weiter benutzte. Die Nachfolgediözesen Limburg und Trier übernahmen den Tag dagegen vorerst nicht. So fiel der Aufschwung der Verehrung, der in der Mitte des Jahrhunderts vom nun limburgischen Eibingen ausging, vor allem in Bingen und in der Diözese Mainz auf fruchtbaren Boden. Beim ersten großen Hildegardfest 1857 beteiligten sich viele Mainzer Priester mit dem Generalvikar Adam Franz Lennig (1803-1866) an der Spitze. Um auch die *„Liebe und Andacht"* der Binger zur hl. Hildegard zu wecken, *„die hier gelebt hat und heilig gestorben ist"* und *„die mit Recht die Perle der Stadt Bingen genannt wird"* ließ sich 1863 Pfarrer Johann Adam Wagner (gest. 1873) eine Reliquie der Heiligen vom Limburger Bischof Peter Joseph Blum (1842-1884) schenken und führte 1864 das Hildegardis-Fest in der Rochuskapelle ein. Der Mainzer Bischof Wilhelm Emanuel von Ketteler (1850-1877), der an der Eibinger Feier nicht hatte teilnehmen können, pries die Heilige in einer Predigt bei der Rochuswallfahrt von 1874. Den 700. Todestag Hildegards (1879) beging die Mainzer Diözese in Bingen. Nachmittags bewegte sich eine Prozession von 8.000 Menschen auf den Rochusberg, wo der spätere Mainzer Bischof Paul Leopold Haffner (1886-1899) predigte, *„wie die Heilige zu einem heiligen Leben erwuchs, als Lehrerin und Führerin der Seelen weithin wirkte und zu der ewigen Seligkeit gelangte"*.[10] Seine Ausführungen sind deutlich geprägt vom damals besonders heftigen Kulturkampf und dem Widerstand gegen unchristliche Zeitströmungen.

[10] Haffner 1879, S. 7.

Abb. 23: Hildegards Eintritt in die Klause auf dem Disibodenberg, Jakob Busch, 1898, Bingen, Rochuskapelle.

Das 19. Jahrhundert habe *„in vielfacher Hinsicht große Ähnlichkeit mit der Zeit der heil. Hildegardis. Auch in diesem Jahrhundert ringt die Wahrheit des Glaubens mit der falschen Wissenschaft, leidet die christliche Sitte unter der Gewalt entfesselter Leidenschaften, ringt die Kirche in bitterem Leiden um ihre Freiheit und ihr Recht. (...) Die Jungfrau aber, welche auf dem heiligen Rupertsberg in dem Glauben der heiligen katholischen Kirche dem dreieinigen Gott diente, hat die Liebe und die Verehrung nicht verloren, welche sie ehe-*

Abb. 24: Einladungskarte zur Binger Hildegardfeier am 15. September 1929, Mainz, Bischöfliches Dom- und Diözesanmuseum

dem hier gepflanzt".[11] In der Binger Pfarrkirche errichtete man einen neugotischen Hildegardaltar mit einer überarbeiteten barocken Statue und einem Kreuzaltar, auf dem Hildegard als *„Wächterin heiliger Reliquien, wie sie die von Engeln aufgezeichnete Rupertuslegende verfasste"* dargestellt war. Die 1895 neu aufgebaute Rochuskapelle erhielt als Seitenaltar einen neugotischen Flügelaltar mit einer großen Statue der Heiligen, umgeben von Reliefs mit Szenen aus ihrem Leben (Abb. 23); hier stellte man auch ihren neuen Reliquienschrein auf, und eine der neuen Glocken wurde nach ihr benannt.

Einen weiteren Aufschwung erreichte die Anerkennung Hildegards in ganz Deutschland durch die Feier ihres 750. Todestages. Am Sonntag, dem 15. September 1929, fand eine Kundgebung mit 25.000 Teilnehmern auf dem Rochusberg statt, bei der der ehemalige österreichische Bundeskanzler Prälat Ignaz Seipel (gest. 1932) die Festrede hielt (Abb. 24). Eine Reliquienprozession schloss sich an, die zum Rhein zog, um die von Eibingen herüberge-

[11] Haffner 1879, S. 17 bzw. 20f.

Ave Sankt Hildegardis! Melodie 156

269. 1. Ave Sankt Hildegardis! * Vom Heil'gen Geist geweiht * Mit allen sieben Gaben * Für Zeit und Ewigkeit. * Erbitt vom Heil'gen Geist * Uns diese Edelsteine * Als Krone und Geschmeid.

2. Ave Sankt Hildegardis! * Der Heil'ge Geist goß ein * Dir schon als Kind die Weisheit. * Jesus liebst du allein. * Erbitt vom Heil'gen Geist, * Du Lilie an dem Rheine, * Uns diesen Edelstein.

3. Ave Sankt Hildegardis! * Der Rat, die Wissenschaft * Macht dich zur klugen Mutter, * Der Schwachen Stab und Kraft. * Erbitt vom Heil'gen Geist, * Daß er uns Himmelspfade * Im Erdendunkel schafft.

4. Ave Sankt Hildegardis! * Mit leuchtendem Verstand * Du sangest Jesuslieder, * Die Harfe in der Hand. * Erbitt vom Heil'gen Geist, * Daß uns ein Strahl von oben * Lichtfreudig wird gesandt.

5. Ave Sankt Hildegardis! * Die Stärke dich erfüllt. * Vor Fürsten und vor Großen * Ist sie dein goldner Schild. * Erbitt vom Heil'gen Geist, * Daß er die Seelenstärke * Uns sende vatermild.

6. Ave Sankt Hildegardis! * Du blühst in Frömmigkeit * Im Klosterparadiese, * Zur Braut des Herrn geweiht. * Erbitt vom Heil'gen Geist, * Daß wir wie Palmen wachsen * Zum Himmel, gottbereit.

7. Ave Sankt Hildegardis! * Die edle Furcht des Herrn * Du kündest hoch und nieder, * Sie ist dein Führerstern. * Erbitt vom Heil'gen Geist, * Daß wir dem Dreimal-Heil'gen * In Demut dienen gern.

Abb. 25: Hildegard-Lied, *Gelobt sei Jesus Christus!* Gebet- und Gesangbuch für das Bistum Mainz, Mainz 1935

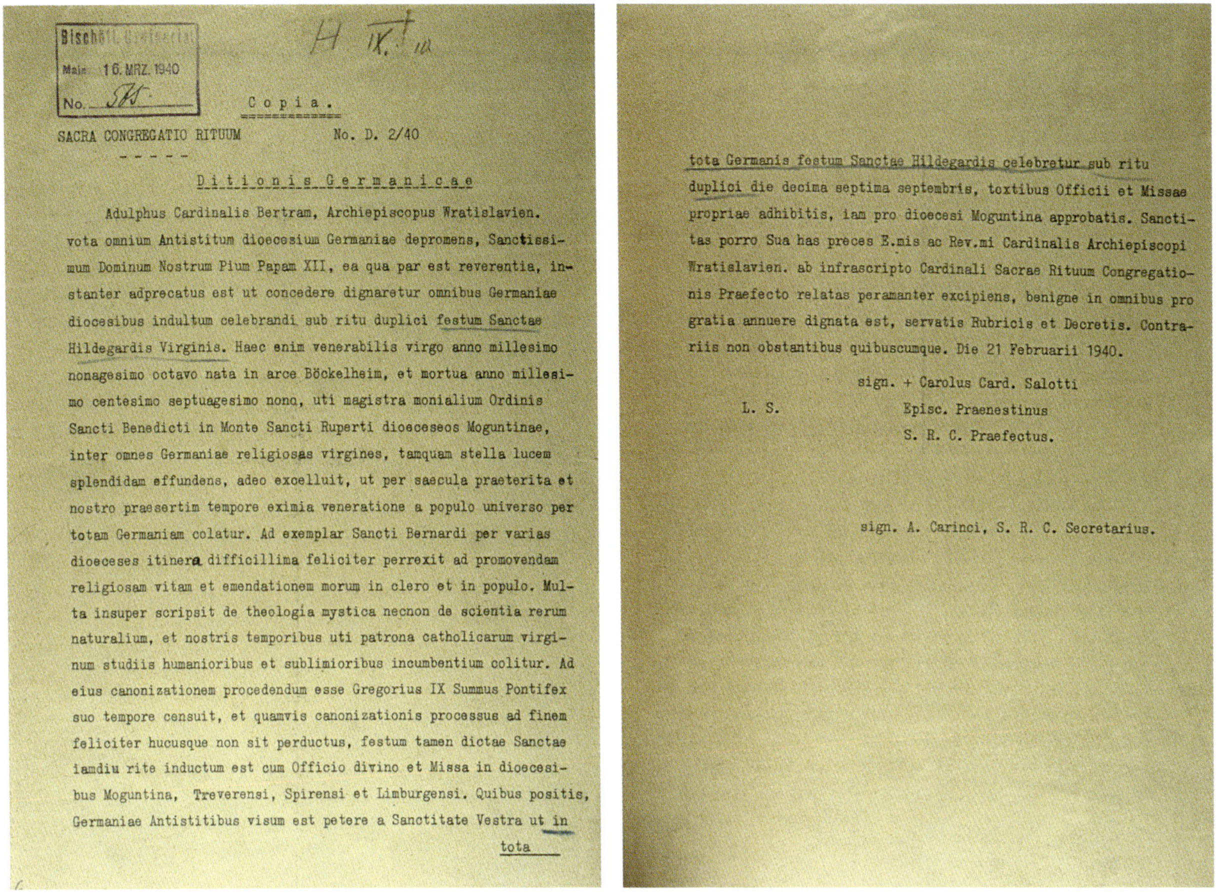

Bischöfl.
Mainz 16. MRZ. 1940
No.

Copia.

SACRA CONGREGATIO RITUUM No. D. 2/40

Ditionis Germanicae

Adulphus Cardinalis Bertram, Archiepiscopus Wratislavien. vota omnium Antistitum dioecesium Germaniae depromens, Sanctissimum Dominum Nostrum Pium Papam XII, ea qua par est reverentia, instanter adprecatus est ut concedere dignaretur omnibus Germaniae diocesibus indultum celebrandi sub ritu duplici festum Sanctae Hildegardis Virginis. Haec enim venerabilis virgo anno millesimo nonagesimo octavo nata in arce Böckelheim, et mortua anno millesimo centesimo septuagesimo nono, uti magistra monialium Ordinis Sancti Benedicti in Monte Sancti Ruperti dioeceseos Moguntinae, inter omnes Germaniae religiosas virgines, tamquam stella lucem splendidam effundens, adeo excelluit, ut per saecula praeterita et nostro praesertim tempore eximia veneratione a populo universo per totam Germaniam colatur. Ad exemplar Sancti Bernardi per varias dioeceses itinera difficillima feliciter perrexit ad promovendam religiosam vitam et emendationem morum in clero et in populo. Multa insuper scripsit de theologia mystica necnon de scientia rerum naturalium, et nostris temporibus uti patrona catholicarum virginum studiis humanioribus et sublimioribus incumbentium colitur. Ad eius canonizationem procedendum esse Gregorius IX Summus Pontifex suo tempore censuit, et quamvis canonizationis processus ad finem feliciter hucusque non sit perductus, festum tamen dictae Sanctae iamdiu rite inductum est cum Officio divino et Missa in dioecesibus Moguntina, Treverensi, Spirensi et Limburgensi. Quibus positis, Germaniae Antistitibus visum est petere a Sanctitate Vestra ut in tota

tota Germania festum Sanctae Hildegardis celebretur sub ritu duplici die decima septima septembris, textibus Officii et Missae propriae adhibitis, iam pro dioecesi Moguntina approbatis. Sanctitas porro Sua has preces E.mis ac Rev.mi Cardinalis Archiepiscopi Wratislavien. ab infrascripto Cardinali Sacrae Rituum Congregationis Praefecto relatas peramanter excipiens, benigne in omnibus pro gratia annuere dignata est, servatis Rubricis et Decretis. Contrariis non obstantibus quibuscumque. Die 21 Februarii 1940.

sign. + Carolus Card. Salotti
L. S. Episc. Praenestinus
S. R. C. Praefectus.

sign. A. Carinci, S. R. C. Secretarius.

Abb. 26: Schreiben der Römischen Ritenkongregation vom 21. Februar 1940, Mainz, Dom- und Diözesanarchiv

führten Gebeine Hildegards zu begrüßen. Zweifellos durch das große Echo der Feiern veranlasst, erhielt das neue Mainzer Gesangbuch von 1935 endlich auch ein Hildegard-Lied (Abb. 25). Erstaunlicherweise fiel dieses bei der Neuausgabe von 1953 wieder fort. Hildegard wird nur als eine der Mainzer Heiligen erwähnt. Im Mainzer Anhang des „Gotteslob" (1975) erschien aber wieder ein neugestaltetes Lied zu ihren Ehren. Zur römischen Anerkennung ihres Kultes kam es 1940 mit der Ausdehnung des Festes auf ganz Deutschland (Abb. 26). Für das Offizium der *„Missa propria"* wurden die Texte des Mainzer Propriums vorgeschrieben. So wurde der 17. September 1941 zum erstenmal in ganz Deutschland als ihr Fest begangen.

Vorläufige Höhepunkte der Würdigung Hildegards waren die Feiern anlässlich ihres 800. Todestages (1979) und ihres 900. Geburtstages (1998). Diese Jubiläen wurden mit zahllosen

Veranstaltungen aller Art begangen; Gottesdienste, Ausstellungen, Vorträge, Symposien oder Lesungen bzw. Aufführungen ihrer Werke brachten die immer populärer werdende Heilige einem großen Publikum nahe. Besonders hervorzuheben sind die begleitenden Festschriften, die eine Fülle neuer wissenschaftlicher Erkenntnisse zum Thema boten.[12] Seit dieser Zeit nimmt die Zahl der Verehrer Hildegards rapide zu. Im In- und Ausland entstanden und entstehen zahllose Vereinigungen, die sich mit Leben und Werk der vielseitig Gebildeten auseinandersetzen. Vor allem in Amerika wächst die „Fangemeinde" Hildegards, die sich zum Teil in Organisationen wie der Amerikanischen Hildegard-Gesellschaft in Boston oder der „International Society of Hildegard von Bingen Studies" in Muncie/Indiana zusammenschließt, ständig an. Dabei ist immer öfter eine Art von „Zweiteilung" der Auseinandersetzung mit Hildegard festzustellen. Auf der einen Seite wird intensiv und ernsthaft die Forschung, vor allem zu ihren Schriften, vorangetrieben. Dies äußert sich insbesondere in der verdienstvollen textkritischen Edition der Werke Hildegards innerhalb des *„Corpus Christianorum"*. Im Zuge dieser Forschungen konnte eine Fülle neuer Erkenntnisse über Hildegard und ihr Werk gewonnen werden. Auf der anderen Seite steht eine schier unübersehbare Flut populärwissenschaftlicher, ja oft trivial zu nennender Publikationen, die Hildegards Werk unkritisch in jedweder Hinsicht ausschlachten: Heilen nach oder Fasten mit Hildegard ist ebenso modisch geworden und entsprechend zu kommerzialisieren wie Singen, Kochen oder Backen nach angeblich von ihr verfassten Vorgaben. Der eigentliche Zugang zu Hildegard wird durch diese Art von „Informationen" eher verstellt als gefördert; gleichzeitig bestimmen sie das heutige Hildegardbild in der Öffentlichkeit aber sehr stark und tragen mit bei zu ihrer außerordentlicher Popularität.

Es bleibt, nach dem Grund für diese stetige und in den letzten Jahren immer rascher gewachsene Popularität zu fragen. Esoteriker und New-Age-Anhänger finden bei Hildegard ebenso Antworten auf ihre Fragen wie Umweltbewegte oder Feministinnen; Theologen, Literaturwissenschaftler und Musiker setzen sich mit ihrem Werk auseinander, desgleichen Mediziner oder Historiker. In einer Zeit, in der die Sinnfrage eine immer zentralere Stellung einnimmt, vermag Hildegards ganzheitliche Sicht von Gott, Mensch und Kosmos für viele eine stetig aktueller werdende Antwort zu geben.

Staunenswert war die Entwicklung der Wirkung Hildegards: von der schlichten Nonne zur *„prophetissa teutonica"* (Abb. 27). Außergewöhnlich sind die Stationen ihres äußeren Lebens: vom weltabgeschiedenen Disibodenberg zum Knotenpunkt des mittelalterlichen Verkehrsnetzes in Bingen am Rhein. Faszinierend schließlich liest sich die Geschichte ihres Kultus: von einer fast vergessenen Mainzer Regionalheiligen zur Kirchenlehrerin der Weltkirche.

[12] Hildegard-Festschrift 1979.

Abb. 27: Hildegardis Prophetissa, Beuron, um 1910, Mainz, Bischöfliches Dom- und Diözesanmuseum

KATALOG

Karl-Heinz Oswald, Hildegard-Büste, Bronze, Mainz, Bischöfliches Dom- und Diözesanmuseum, Inv.-Nr. V 04326

1.
Hildegard-Büste

In dieser 1998 von dem Mainzer Künstler Karl-Heinz Oswald gearbeiteten Büste blickt Hildegard mit weit geöffneten Augen nach vorne. Ihr Blick ist ganz offensichtlich nicht auf den Betrachter, sondern in sich selbst hinein gerichtet auf ein Ziel, das andere nicht wahrzunehmen vermögen. Dargestellt ist Hildegard, die Seherin, die Prophetin, die Posaune Gottes.

Immer wieder wurde Hildegard von ihren Zeitgenossen nach der Art und Weise ihrer Visionen befragt: Was siehst Du, wie siehst Du? Und immer wieder versucht sie in ihren Schriften und in ihren Briefen das eigentlich nicht fassbare in Worte zu kleiden. So heißt es im Vorwort zu ihrem Erstlingswerk *Scivias* (s. Nr. 2): *„Die Gesichte aber, die ich sah, empfing ich nicht im Traum, nicht im Schlaf, oder in Geistesverwirrung, nicht durch die leiblichen Augen oder die äußeren menschlichen Ohren, durch nicht an abgelegenen Orten, sondern ich erhielt sie in wachem Zustand, bei klarem Verstand, durch die Augen und Ohren des inneren Menschen, an zugänglichen Orten, wie Gott es wollte“.*[1]

Noch in ihrer letzten Visionsschrift, dem *Liber Divinorum Operum*, (s. Nr. 4) äußert sich die bereits hochbetagte Hildegard ganz ähnlich: *„Ich armseliges, schwaches Wesen, habe, wenn auch durch sehr viele Krankheiten erschöpft, dennoch zitternd mich schließlich ans Schreiben gemacht. (...) Während ich das tat, blickte ich auf zum wahren und lebendigen Licht, was ich denn schreiben sollte. Denn alles, was ich von Beginn meiner Visionen geschrieben hatte oder was ich später zu wissen bekam, das sah ich in den himmlischen Geheimnissen; ich war wach am Leib und bei Bewußtsein und sah mit den inneren Augen meines Geistes und hörte mit den inneren Ohren, nicht im Schlaf, noch in Ekstase, wie ich es schon bei meinen früheren Visionen sagte“.*[2]

[1] Hildegard, *Scivias*, S. 5.
[2] Hildegard, *Liber Divinorum Operum*, S. 15f.

Abb. 28: Die fünfte Vision: Die fünf Bereiche des Erdkreises, Detail: Vision der hl. Hildegard, *Liber Divinorum Operum*, um 1220/30, Lucca, Biblioteca Statale, Cod. 1942

Hildegards Visionsschriften

Heutzutage ist die hl. Hildegard vor allem durch ihre naturkundlichen Schriften bekannt. Zu ihren Lebzeiten hingegen wurde sie an erster Stelle als Verfasserin dreier bedeutender Visionsschriften verehrt, die sie in ihrer zweiten Lebenshälfte verfasste.

1141 erhält Hildegard ihren ersten prophetischen Auftrag. Eine Stimme befiehlt ihr: *„Sage und schreibe nieder, was du siehst und hörst!“* So entsteht bis 1151 ihre erste theologisch-kosmologische Visionsschrift *Scivias* (Wisse die Wege), in der sie in 26 Visionen das göttliche Schöpfungs- und Erlösungswerk vorstellt und kommentiert. 1158-1163 verfasst sie, wiederum auf göttliche Weisung, den *Liber Vitae Meritorum* (Buch der Lebensverdienste), der in Form von Wechselgesprächen den Kampf zwischen Tugenden und Lastern thematisiert. Den Abschluß ihrer Visionstriologie bildet der *Liber Divinorum Operum* (Das Buch vom Wirken Gottes), der, zwischen 1163 und 1170 verfasst, 1174 durch ihre persönliche Redaktion abgeschlossen wird. Hier verherrlicht Hildegard den Schöpfer und sein Werk: Mensch und Kosmos, Diesseits und Jenseits, Geschichte, Zeit und Raum gehen bei ihr im dreieinigen Gott auf.

Gott selbst übermittelt ihr den Sinn und das Ziel, das mit der Niederschrift ihrer Visionen verbunden ist: *„Übermittle das, was du mit deinen inneren Augen siehst und mit den inneren Ohren deiner Seele vernimmst, in dauerhafter Schrift zum Nutzen der Menschen. Denn die Menschen sollen dadurch ihren Schöpfer erkennen und nicht davor zurückweichen, ihn in gebührender Ehrfurcht zu verehren. Nicht nach deinem Herzen, sondern nach Meinem Zeugnis, der Ich das Leben ohne Anfang und Ende bin, schreibe also auf, was weder durch dich erfunden noch von einem anderen Menschen ersonnen, sondern durch Mich vor Beginn der Welt angeordnet ist. Denn wie Ich um den Menschen schon vor seiner Erschaffung im voraus wußte, so habe ich auch das, was für ihn notwendig ist, vorausgesehen“.*[3]

[3] Hildegard, *Liber Divinorum Operum*, S. 15.

Abb. 29: Hildegard mit Schreibgriffel und Wachstafeln sowie einem Sekretär, der ihre Visionen niederschreibt, *Scivias* (Salemer Codex), um 1200, Heidelberg, Universitätsbibliothek, Cod. X,16

2.
Scivias
(Wisse die Wege)

Scivias (Wisse die Wege) ist Hildegards erste, zwischen 1141 und 1151 verfasste Visionsschrift.

In einem Schreiben an ihren letzten Sekretär, Wibert von Gembloux, erklärt Hildegard den Titel: *„In der Schau sah ich auch, dass das erste Buch meiner Visionen Scivias genannt werden sollte, weil es auf dem Wege des lebendigen Lichtes kundgetan wurde und nicht aus der Lehre stammt“.*[6] Der Weg ist denn auch der Leitgedanke der Schrift: der Weg des Menschen zu Gott, der über Schöpfung und Sündenfall wieder zur Erlösung führt. Dabei sind alle Teile der Schöpfung durch die Weisheit Gottes miteinander verflochten: Mensch und Kosmos, Synagoge und Kirche, Sünde und Erlösung. Im *Scivias* entfaltet sich dieses theokosmologische Lehrgebäude in drei Teilen *(partes)*. Der erste Teil widmet sich dem Mysterium des dreieinigen Gottes und der durch ihn hervorgebrachten Schöpfung, die, so der zweite Teil, trotz des Sündenfalls des Menschen mit Hilfe der Kirche der Erlösung wieder teilhaftig werden kann. Die Arbeit des Menschen an dieser Erlösung und deren Vollendung schildert Teil drei. Zentrales Thema aller Teile – und dies verbindet den *Scivias* mit den beiden anderen Visionsschriften Hildegards – ist der Kampf zwischen Gut und Böse, zwischen Gott und dem Teufel. Der – allzu leicht verführbare – Mensch mit seiner Freiheit der Entscheidung steht, verantwortlich für sich selbst, aber auch für Gottes Schöpfung, zwischen diesen beiden Mächten.

Von den zehn erhaltenen Fassungen des Scivias ist der sog. „Rupertsberger Codex“ aufgrund seiner überaus reichen Bebilderung die bedeutendste. Seine insgesamt 35 Miniaturen wurden um 1165 von verschiedenen Malern entweder gleichzeitig oder innerhalb von nur kurzer Zeit nacheinander gemalt. Das Skriptorium war vermutlich in Kloster Rupertsberg ansässig und arbeitete somit unmittelbar unter Hildegards Aufsicht.

1927-1933 stellten die Nonnen der Abtei Eibingen eine detailgetreue Nachbildung des Originals auf Pergament in Originalgröße her. Die Miniaturen, von denen einige im Katalogteil Hildegards Visionen des *Scivias* illustrieren (s. Kat.-Nr. 2.1-2.6) fertigte Schwester Johanna Knipp. Dieser Nachbildung kommt heute eine besondere Bedeutung zu, da das Original in den Wirren des Zweiten Weltkrieges verloren ging. Bereits 1942 war die Handschrift zum Schutz gegen Luftangriffe nach Dresden gebracht worden. Hier lagerte sie im Tresor der Girozentrale Sachsen, wo sie laut Zeugenaussagen alle Bombenangriffe überstanden haben soll. Sowjetische Truppen besetzten die Bank und leerten alle Depots. Seitdem ist die Handschrift verschwunden.

[4] Hildegard, *Scivias*, S. 5.
[5] Hildegard, *Scivias*, S. 6.
[6] Hildegard, Briefwechsel, S. 226.

altam profunditatem expositionis librorum ut predixi sentiens. uiribusque receptis. de egritudine me erigens uix opus istud decem annis consummans ad finem perduxi. In diebus autem HEINRICI Moguntini archiepiscopi et Conradi Romanorum regis et Cunonis abbatis in monte beati DYSIBODI pontificis. sub papa Eugenio he uisiones et uerba facta sunt. Et dixi et scripsi hec non secundum adinuentionem cordis mei aut ullius hominis. sed ut ea in celestibus uidi. audiui et percepi per secreta misteria dei. Et iterum audiui uocem de celo michi dicentem. Clama ergo et scribe sic.

Incipiunt capitula libri Scivias simplicis hominis.

Capitula prime uisionis prime partis.

I. De fortitudine et stabilitate eternitatis regni dei.

II. De timore domini.

III. De his qui pauperes spiritu sunt.

IIII. Quod uirtutes a deo uenientes. timentes dominum et pauperes spiritu custodiunt.

V. Quod agnitioni dei abscondi non possunt studia actuum hominum.

VI. Salemon de eadem re.

2.1.
Erster Teil, Vision eins:
Der Leuchtende

„Ich sah etwas wie einen großen eisenfarbenen Berg. Darauf thronte eine Gestalt von solchem Glanz, dass ihre Herrlichkeit meine Augen blendete. Zu ihren beiden Seiten erstreckte sich ein lichter Schatten, wie Flügel von erstaunlicher Breite und Länge. Und vor ihr, am Fuße des Berges, stand eine Erscheinung über und über mit Augen bedeckt. Ich konnte vor lauter Augen keine menschliche Gestalt erkennen. Und davor sah ich eine andere kindliche Gestalt in farblosem Gewand, doch mit weißen Schuhen. Auf ihr Haupt fiel ein solch heller Glanz von dem, der auf dem Berge saß, dass ich ihr Antlitz nicht anzuschauen vermochte. Doch von dem, der auf dem Berge thronte, ging ein sprühender Funkenregen aus, der die Erscheinungen mit lieblichem Licht umgab. Im Berge selbst konnte ich viele kleine Fenster sehen, in denen teils bleiche, teils weiße menschliche Häupter erschienen.

Und plötzlich rief der auf dem Berge Thronende mit lauter, durchdringender Stimme und sagte: „O du hinfälliger Mensch aus Erdenstaub. Asche aus Asche, verkündige und sprich über den Zugang zur unvergänglichen Erlösung, damit alle belehrt werden, die den inneren Gehalt der Schriften kennen, ihn jedoch nicht aussagen und verkündigen wollen. Denn sie sind lau und oberflächlich in der Beobachtung der göttlichen Gerechtigkeit. Erschliesse ihnen die versiegelten Geheimnisse, die sie ängstlich in einem versteckten unfruchtbaren Acker verbergen. Ergieße dich wie ein überfließender Quell, verströme dich in geheimnisvoller Lehre, damit durch den Erguß deiner Flut jene aufgeschreckt werden, die dich wegen der Übertretungen Evas mit Verachtung strafen möchten. Denn du erhältst diesen in die Tiefe dringenden Scharfblick nicht von einem Menschen, sondern du empfängst ihn vom himmlischen, furchterregenden Richter aus der Höhe, wo diese Herrlichkeit mit hellem Schein strahlend unter den Lichtträgern leuchten wird. Erhebe dich also, rufe und verkünde, was dir kraft mächtigen göttlichen Beistandes offenbart wird; denn er, der seine ganze Schöpfung kraftvoll und gütig regiert, durchströmt mit dem Licht himmlischer Erleuchtung die ihn fürchten und ihm in freudiger Liebe im Geist der Demut dienen. Und er führt sie zu den Freuden der ewigen Schau, wenn sie auf dem Weg der Gerechtigkeit ausharren“.[7]

[7] Hildegard, *Scivias*, S. 10.

2.2.
Erster Teil, Vision drei:
Das Weltall

„Danach sah ich ein riesiges, dunkles Gebilde wie ein Ei, oben spitz zulaufend, in der Mitte breiter und sich unten wieder verengend. Die äußerste Schicht bestand rundum aus leuchtendem Feuer und darunter lag etwas wie eine dunkle Haut. Und in diesem Feuer befand sich ein rötlich schimmernder Feuerball von solcher Größe, dass dieses Gebilde ganz von ihm erleuchtet wurde. Darüber waren drei Fackeln in der Höhe angeordnet, die mit ihrem Feuer den Ball hielten, damit er nicht herunterfalle. Und der Ball stieg manchmal empor und flammendes Feuer trat ihm entgegen, so dass seine Flammen weiter hinausschlugen; zuweilen neigte er sich abwärts und große Kälte schlug ihm entgegen, so dass er schnell seine Flammen zurückholte. Von dem Feuer, das dieses Gebilde umgeben hatte, ging auch ein Wind mit seinen Stürmen aus; und von der Haut, die darunter war, wehte ein anderer Wind mit seinen Stürmen, die sich in diesem Gebilde nach allen Seiten verteilten. In der Haut aber befand sich ein düsteres Feuer, das so schrecklich war, dass ich es nicht anschauen konnte. Es erschütterte die ganze Haut mächtig mit Donnergetöse, Gewittersturm und Hagel von großen und kleinen, sehr spitzen Steinen. Als sich das Getöse erhob, gerieten das leuchtende Feuer, die Winde und die Luft in Aufruhr, so dass die Blitze dem Donner zuvorkamen; denn das Feuer verspürte die erste Regung des Donners in sich.

Doch unter der Haut befand sich ganz reine Luft und keine Haut war unter dieser. In ihr erblickte ich jedoch einen größeren, weißglänzenden Feuerball, über dem deutlich zwei Fackeln in der Höhe angeordnet waren; sie hielten den Ball, damit er seine Laufbahn nicht überschreite. Und in dieser Luft gab es überall viele helle Kugeln. Ab und zu entleerte der weiße Feuerball etwas von seinem Glanz in sie. Dann kehrte er unter den erwähnten rötlichen Feuerball zurück, entzündete aufs neue an ihm seine Flammen und blies sie wiederum in die Kugeln. Doch auch in der Luft entstand ein Wind, der sich mit seinen Stürmen in dem besagten Gebilde überall ausbreitete. Unter dieser Luft aber sah ich eine Dunstschicht und darunter eine weiße Haut, die sich da und dort ausbreitete und dem ganzen Gebilde Feuchtigkeit spendete. Zuweilen zog sie sich plötzlich zusammen und sandte einen heftig prasselnden Platzregen aus. Dann wieder dehnte sie sich behutsam aus und ließ angenehm sanften Regen herabtropfen. Doch auch daraus kam ein Wind mit seinen Stürmen, der das ganze Gebilde durchwehte“.[8]

[8] Hildegard, *Scivias*, S. 40.

Quod homo secreta di ñ debet
plus scrutari. quã ipse uult manife
Quod fili' di nat' in   stare.
mundo morte sua diabolũ supauit
7 electos suos ad hereditatẽ suã re
Verba osee de eadẽ re.   dixit
Qđ corp' filii di in sepulchro
p tiduu iacens resurrexit. 7 homi
ni uia ueritatis de morte ad uitã
ostensa ẽ.   dũ eos apparuit.
Qđ fili' di a morte resurgens. di
cipulis suis frequent' ad corroboran
Qđ filio di ascendente ad pa
tre. sponsa el' diuersis ornamtis sun
datã ẽ.

2.3. Zweiter Teil, Vision eins:

Der Erlöser

„Und ich, ein Mensch, der nicht heißblütig nach Art starker Löwen und auch nicht von dem, was sie aussagen, unterrichtet war, sondern zart wie eine zerbrechliche Rippe blieb, sah, von geheimnisvollem Hauch befruchtet, ein hellleuchtendes Feuer, unendlich, unauslöschlich, ganz lebendig und voller Leben. Es hatte eine himmelblaue Flamme in sich, die in sanftem Hauch glühend brannte. Sie war so untrennbar mit diesem leuchtenden Feuer verbunden, wie es die Eingeweide mit dem Menschen sind. Und ich sah, wie diese blitzende Flamme weißglühend wurde. Und plötzlich entstand eine dunkle Luftkugel von gewaltiger Größe, der diese Flamme mehrmals entgegenschlug und jedesmal einen Funken hervorbrachte, bis die Luftkugel vollendet war und Himmel und Erde in vollständiger Ausstattung erstrahlten. Dann züngelte diese Flamme inmitten von Feuer und Glut in Richtung eines kleinen Lehmklumpens, der am Grunde dieser Luftkugel lag, und erwärmte ihn. So wurde er zu Fleisch und Blut. Sie hauchte ihn an und es erhob sich ein lebendiger Mensch. Als das geschehen war, bot das leuchtende Feuer dem Menschen mittels der in sanftem Hauch glühend brennenden Flamme eine blendendweiße Blüte an; sie hing – wie Tau am Grashalm – an dieser Flamme. Der Mensch verspürte zwar ihren Duft mit der Nase, doch er verkostete sie nicht mit dem Mund, noch berührte er sie mit den Händen.
Er wandte sich nämlich ab und fiel in die dichteste Finsternis, aus der er sich nicht mehr zu erheben vermochte. Diese Finsternis aber wuchs und breitete sich in dieser Luftkugel mehr und mehr aus. Dann erschienen in dieser Finsternis in einem Glanz drei sehr große Sterne, und nach ihnen viele andere, kleine und große, in hellem Schein funkelnd, und schließlich ein riesengroßer Stern, der wunderbaren Glanz verbreitete und sich blitzend der erwähnten Flamme zuwandte. Doch auch auf der Erde erschien ein Licht wie Morgenröte. (...)
Und ich sah aus dem Licht der besagten Morgenröte einen ganz lichten Menschen hervorgehen; er goss seinen Glanz über die erwähnte Finsternis aus, wurde aber von ihr so zurückgestoßen, dass er, blutrot und erbleichend, die Finsternis mit so großer Kraft zurückschlug, dass der andere Mensch, der in ihr darniederlag, durch diese Berührung sichtbar aufleuchtete und aufrecht aus ihr hervorging. Und so erschien der Lichtmensch, der aus der erwähnten Morgenröte hervorging, in so großer Herrlichkeit, dass es eine menschliche Zunge nicht ausdrücken kann".[9]

[9] Hildegard, *Scivias*, S. 104f.

2.4.
Zweiter Teil, Vision zwei:
Der dreieinige Gott

„Dann sah ich ein überhelles Licht und darin eine saphirfarbene Menschengestalt, die völlig von einem sanften rötlichen Feuer durchglüht war. Und das helle Licht überstrahlte das ganze rötliche Feuer und das rötliche Feuer das ganze helle Licht und das helle Licht und das rötliche Feuer die ganze Menschengestalt, so dass sie ein einziges Licht in derselben Stärke und Leuchtkraft bildeten".[10]

[10] Hildegard, *Scivias*, S. 118

iii. xvi De sagittis oris eius. & de fumo pec
toris. & de humore lumborũ q̄d
significent.

xx. De turbine umbilici. & de īmundi
cia tanarũ uentris ei⁹. quid signifi

i. xx Quod diabolus stultos homi ſ cet.
nes ꝑ iniquā incredulitatē exagi
tat. uerū ēē putantes q̄d ipse eis
fallacit̄ demonstrat.

ii. xx Quod heretici uitandi & ab ecclīa eici
endi sunt. qui diabolum p̄ dō colunt.
& sunt uiscera diaboli. & p̄currens
germen filii ꝑdicionis.

iii. xx Quod adiutoriū dī contēpnentes. grā
dī deserit. querentib⁹ aut̄ misericor
dia subuenit.

iiii. xx Verba salomonis de eodem.

v. xx Qd ueri cultores dī qui toto annisu
terrena conculcant. antiquū ser
pentem forti contricione deiciunt.

2.5.
Zweiter Teil, Vision sieben:
Der gefesselte Feind

„Dann sah ich ein brennendes Licht, so groß wie ein gewaltiger, hoher Berg. Es teilte sich an seinem höchsten Punkt gleichsam in viele Zungen. Und vor diesem Licht stand eine Schar weißgekleideter Menschen. Von der Brust bis zu ihren Füßen war etwas wie ein Schleier – durchsichtig wie Kristall – vor ihnen ausgebreitet. Doch vor dieser Schar lag auf dem Weg rücklings etwas wie ein ungeheuer großer und langer Wurm, der so schrecklich und wild aussah, dass es kein Mensch zu sagen vermag. Zu seiner Linken befand sich etwas wie ein Marktplatz, auf dem menschlicher Reichtum, weltliche Vergnügungen und verschiedene Handelsgeschäfte zu sehen waren. Manche Menschen liefen ganz schnell vorbei, ohne ein Geschäft abzuschließen, einige aber schlenderten umher und verlegten sich aufs Verkaufen und Einkaufen.

Der Wurm aber war schwarz und borstig, voller Geschwüre und Blattern. Fünf verschiedene Farbstreifen trug sein Leib, vom Kopf über den Bauch bis zu den Füßen zogen sie sich hin: ein grüner, ein weißer, ein roter sowie ein gelber und ein schwarzer waren zu sehen, voll von tödlichem Gift. Sein Haupt aber war so zerschmettert, dass seine linke Backe schon auseinanderzufallen schien. Seine Augen, äußerlich blutunterlaufen, glühten vom inneren Feuer, seine Ohren waren kugelrund und struppig, Nase und Maul aber glichen denen einer Viper. Er hatte Hände wie ein Mensch, doch Füße wie eine Viper und sein Schwanz sah kurz und furchterregend aus. Um seinen Hals war eine Kette gelegt, die ihm auch Hände und Füße fesselte. Diese Kette band ihn so fest an den Felsen im Abgrund, an dem sie befestigt war, dass er sich nach keiner Seite seinem bösen Willen gemäß bewegen konnte. Aus seinem Maul kam ein Flammenmeer, das sich in vier Flammen teilte. Die eine züngelte bis zu den Wolken hinauf, die zweite ergriff die weltlich gesinnten Menschen, die dritte die geistlich Lebenden, die vierte aber loderte bis in den Abgrund hinab. Die Flamme aber, die bis zu den Wolken hinaufzüngelte bedrängte die Menschen, welche zum Himmel gelangen wollten (...).

Und ich sah aus seinem Mund spitze Pfeile hervorzischen: Schwarzer Rauch entfloh seiner Brust, seinen Lenden entquoll eine glühende Flüssigkeit und aus seinem Nabel wehte ein heißer Wirbelwind. Aus seinem Unterleib quoll gleichsam der Unrat seiner Verwerflichkeit. Dies alles verursachte große Unruhe unter den Menschen. Doch auch ein furchtbarer Dunst und Gestank, der von ihm ausging, verpestete viele Menschen mit seiner Schlechtigkeit. Und plötzlich kam eine große Schar helleuchtender Menschen. Sie trat den Wurm völlig nieder und fügte ihm bittere Qualen zu. Sie konnte jedoch weder von seinem Feuer noch von seinem Gift verzehrt werden“.[11]

[11] Hildegard, *Scivias*, S. 291f.

no ululatu absorbet.
xiiii Euangeliu de eodem.
xv Quom elementa & sol & luna & stelle

finito iudicio i meli mutant. & nox
non erit.
xvi. Verba iohis de eodem.

2.6.
Dritter Teil, Vision zwölf:
Der Tag der großen Offenbarung

„Danach schaute ich: Und plötzlich wurden alle Elemente und Geschöpfe von einem schrecklichen Beben erschüttert, Feuer, Luft und Wasser brachen hervor und brachten die Erde in Aufruhr. Es dröhnte von Blitzen und Donnerschlägen. Berge und Wälder fielen, so dass alles Sterbliche das Leben aushauchte. Und alle Elemente wurden gereinigt, so dass auf diese Weise alles Schmutzige an ihnen verschwand und nicht mehr auftauchte. Und ich hörte eine Stimme mit lautem Ruf über den ganzen Erdkreis erschallen; sie rief: O ihr Menschenkinder, die ihr in der Erde ruht, erhebt euch alle!

Und siehe da! Alles menschliche Gebein an jedem Ort der Erde sammelte sich augenblicklich und bedeckte sich mit seinem Fleisch; und alle Menschen erstanden mit ihren unversehrten Gliedern und Leibern, je nach ihrem Geschlecht. Die Guten leuchteten in Herrlichkeit und die Bösen erschienen schwarz, so dass man das Werk eines jeden an ihm wahrnahm. Und einige von ihnen waren mit dem Glauben besiegelt, manche aber nicht. So trug ein Teil der Besiegelten einen goldenen Glanz auf ihrem Antlitz, die andern gleichsam einen Schatten; das war ihr Kennzeichen.

Doch plötzlich flammte vom Osten her ein mächtiger Blitz auf. Und ich erblickte dort auf einer Wolke den Menschensohn mit demselben Antlitz, das er auf Erden trug, und mit offenen Wunden. Er kam mit den Chören der Engel und thronte auf einer Flamme, die glühte, aber nicht brannte. Unter ihm tobte ein gewaltiger Sturm zur Reinigung der Welt und die Besiegelten wurden wie von einem Wirbelwind ergriffen, der sie ihm entgegen entrückte, dorthin, wo ich schon früher jenen Glanz erblickt hatte, der das Geheimnis des himmlischen Schöpfers versinnbildet. Dort wurden die Guten nämlich von den Bösen getrennt. Er aber beglückte mit einladender Stimme – wie das Evangelium deutlich zeigt – die Gerechten mit dem Himmelreich und die Ungerechten bestimmte er – wie dort ebenfalls geschrieben steht – mit schreckenerregenden Worten für die höllischen Qualen. Es erfolgte dort jedoch keine andere Befragung oder Antwort bezüglich ihrer Taten, als das Wort des Evangeliums bekundet, denn das Werk eines jeden, ob es nun gut oder schlecht gewesen war, trat öffentlich an ihm zutage. Die Unbesiegelten aber standen weitab in der nördlichen Gegend unter der Schar der Teufel und gelangten nicht vor dieses Gericht; sie sahen dennoch dies alles wie in einem Wirbelsturm. Sie erwarteten den Ausgang dieses Gerichts und seufzten bitterlich in ihrem Herzen.

Als so das Gericht beendet war, hörten Blitze, Donnern, Winde und Unwetter auf, und was an den Elementen vergänglich war, verschwand plötzlich. Eine grosse Stille entstand. Dann eilten die Gerechten, die auf einmal noch mehr leuchteten als die Sonne, mit dem Sohn Gottes und den seligen Scharen der Engel in grosser Freude zum Himmel, während die Verworfenen mit dem Teufel und seinen Engeln mit großem Wehgeschrei zum Ort der Hölle fuhren. Und so empfing der Himmel die Auserwählten und die Hölle verschlang die Verworfenen“.[12]

[12] Hildegard, Scivias, S. 291f.

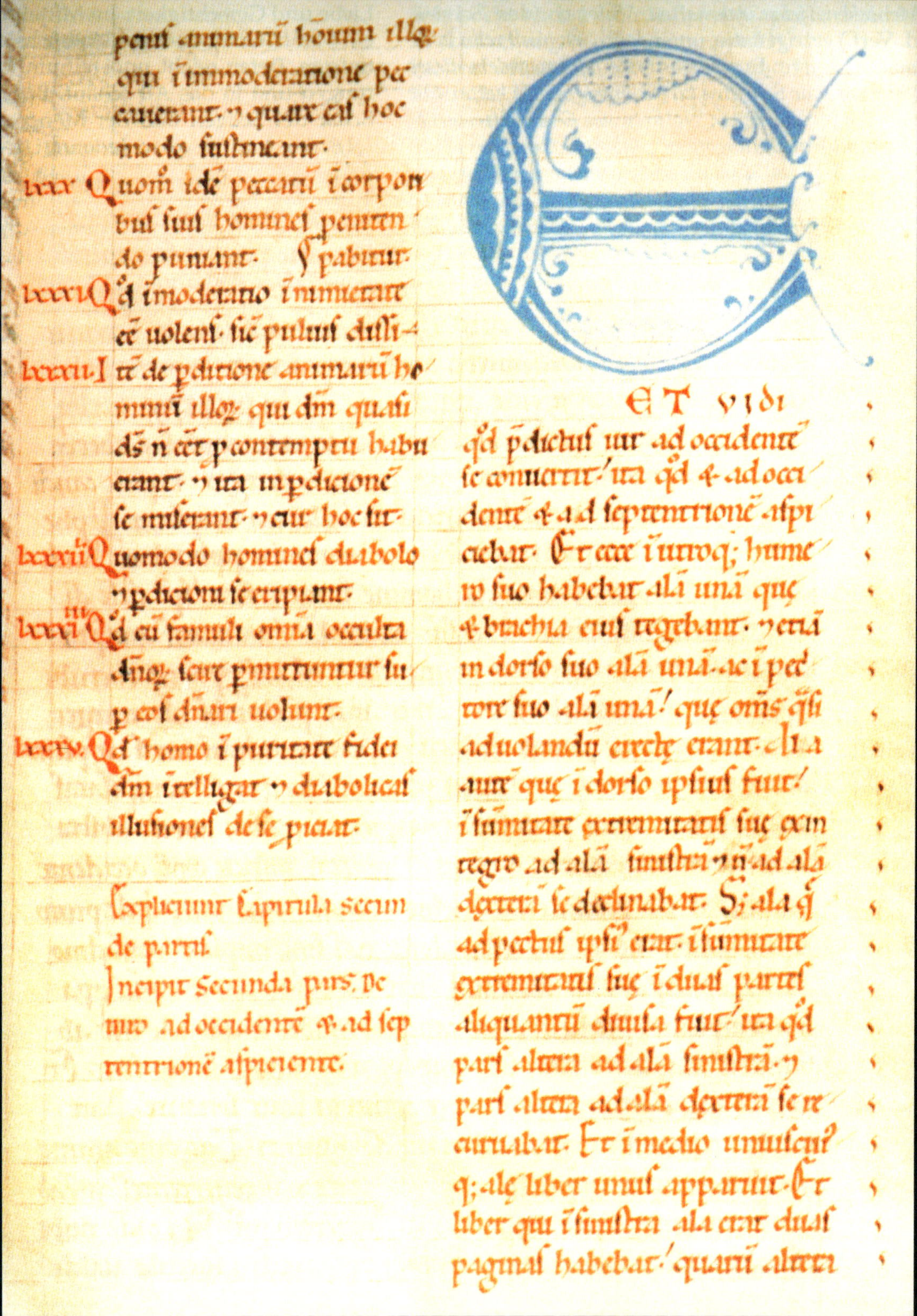

Abb. 30: *Liber Vitae Meritorum*, Kloster Rupertsberg, um 1175, Abtei Dendermonde, Codex 9

3.
Liber Vitae Meritorum
(Das Buch der Lebensverdienste)

Als zweite Visionsschrift verfasst Hildegard den *Liber Vitae Meritorum* (Buch der Lebensverdienste). Eine von fünf heute noch erhaltenen Abschriften schenkt sie ihrem ehemaligen Sekretär, Wibert von Gembloux, der in einem Dankesbrief an die Äbtissin nicht nur deren Autorenschaft an dem Werk bestätigt, sondern auch die Wertschätzung wiedergibt, die Werk und Autorin entgegengebracht werden: *„Das Buch der Lebensverdienste, das von eurer heiligen Mutter selbst herausgegeben und uns durch eure Barmherzigkeit übersandt wurde, haben wir mit dem Gefühl geschuldeter Verehrung empfangen; wir halten es der höchsten Bewunderung für würdig"*.[13] Das Buch der Lebensverdienste wurde nach Hildegards eigener Aussage zwischen 1158 und 1163 geschrieben. Nach ihrem Selbstzeugnis hatte sie sich *„fünf Jahre hindurch mit wunderbaren, wahren Visionen abgemüht. In ihnen hatte die wahre Schau des unvergänglichen Lichtes mir äußerst unwissendem Menschen die Verschiedenheit der vielfältigen Lebensweisen gezeigt"*.[14] Im Gegensatz zu Hildegards übrigen Visionsschriften ist keine einzige Fassung des *Liber Vitae Meritorum* illustriert.

Nach der Schau des *Scivias* 1141-1151 werden Hildegard zunächst keine theologisch-göttlichen, sondern „lediglich" Visionen anderer Art zuteil. Erst neun Jahre später, *„zu Beginn meines einundsechzigsten Lebensjahres also, im Jahre 1158 nach der Menschwerdung des Herrn, da der Apostolische Stuhl bedrängt war und Kaiser Friedrich das Römische Reich regierte"*, ermahnt sie die himmlische Stimme zu einer neuen Anstrengung, die ein halbes Jahrzehnt andauern sollte: *„Als ich nun sechzig Jahre alt geworden, erlebte ich eine gewaltige und wunderbare Schau, und auch mit diesem Gesicht hatte ich ein halbes Jahrzehnt hindurch zu tun"*.[15] Die innerhalb von fünf Jahren erfolgten Visionen offenbaren Hildegard die Verantwortung des Menschen für die göttliche Schöpfung, seinen Kampf um die rechte Entscheidung zwischen Gut und Böse, zwischen dem bewussten Annehmen oder der Verweigerung von Gottes Liebe und Gerechtigkeit. Jeden Tag aufs neue hat sich der Mensch dem Kampf um sein Heil zu stellen, ein Kampf, der in dieser Visionsschrift sinnbildlich in einem Zwiegespräch zwischen jeweils 35 Tugenden und Lastern geführt wird.

Im Mittelpunkt der Schau steht ein Mann (Gott), der von den höchsten Höhen bis zu den tiefsten Tiefen reicht und reihum in alle Himmelsrichtungen und in das All schaut. Er ist umgeben von der Schar der Seligen und der Menge der Feuergeister. Es folgt der Auftritt verschiedener Laster, deren werbende Rede die körperlosen Stimmen der dazu passenden Tugenden bekämpfen. Daraufhin erklärt die göttliche Stimme die Figuren und deren Attribute. Es folgt eine Darlegung des Wesens der einzelnen Laster und deren potentieller Bestrafung im Jenseits, verbunden mit dem Hinweis auf diesseitige Bußmöglichkeiten. Am Ende steht die Beschreibung der verschiedenen Orte der Verdammnis, aber auch der Seligkeit.

[13] AK Hildegard 1998, S. 238.
[14] Hildegard, *Liber Divinorum Operum*, S. 15.
[15] Hildegard, *Liber Vitae Meritorum*, S. 27.

Abb. 31: Die Liebe, Detail aus der zehnten Vision „Die Heilsgeschichte vom Beginn bis zum Ende der Zeit“, *Liber Divinorum Operum*, um 1220/30, Lucca, Biblioteca Statale, Cod. 1942

4.
Liber Divinorum Operum
(Buch vom Wirken Gottes)

Der *Liber Divinorum Operum* (Buch vom Wirken Gottes) ist Hildegards dritte und wohl wichtigste Visionsschrift. Im Prolog des *Liber Divinorum Operum* teilt Hildegard die genauen Entstehungsumstände der Schrift mit. Demnach beginnt sie die Arbeiten daran im Jahre 1163. Wieder nimmt sie das Werk über lange Zeit in Anspruch: *„Diese Vision habe ich endlich mit Mühe vollendet, obwohl ich sieben Jahre daran schrieb“*.[16] In den folgenden drei Jahren arbeitet sie zusammen mit ihrem Sekretär Volmar (Abb. 8) an einer ersten Abschrift dieser Visionen, die nach dem Tode Volmars dank der Hilfe von Ludwig, Abt des Klosters St. Eucharius in Trier, wohl im Jahre 1174 abgeschlossen werden kann.

Mit der Abfassung dieser Schrift folgt Hildegard wiederum einem göttlichen Auftrag. Nachdem sie sich *„fünf Jahre lang hindurch mit wunderbaren, wahren Visionen abgemüht hatte“*, befiehlt ihr die Stimme, diese Schau schriftlich niederzulegen: *„Du armseliges Wesen, Tochter vieler Mühen, die du von schweren Krankheiten ausgezehrt, aber dennoch von der Tiefe der Geheimnisse Gottes durchströmt bist, übermittle das, was du mit deinen inneren Augen siehst und mit den inneren Ohren deiner Seele vernimmst, in dauerhafter Schrift zum Nutzen der Menschen“*.[17]

Auf diesen Befehl hin entsteht Hildegards dritte große Visionsschrift, die uns heute noch in vier Fassungen sowie mehreren Fragmenten überliefert ist. Die künstlerisch bedeutendste und zugleich prachtvollste Ausgabe des *Liber Divinorum Operum* ist der sog. „Lucca-Codex“, der nach seinem jetzigen Standort in der Biblioteca Statale in Lucca benannt ist und dem die folgenden Illustrationen des *Liber Divinorum Operum* entnommen sind (s. 4.1-4.10). Sein Entstehungsort ist nicht gesichert. In der Regel wird vermutet, dass die um 1220/30 zu datierende Handschrift auf dem Rupertsberg entstand und die Heiligsprechung Hildegards, die in jenen Jahren massiv vorangetrieben wurde, unterstützen sollte.

Im *Liber Divinorum Operum* verherrlicht Hildegard den Schöpfer und sein Werk: Mensch und Kosmos, Diesseits und Jenseits, Geschichte, Zeit und Raum vergehen zusammen mit dem Zwiespalt, den der Sündenfall des Menschen hervorrief, im dreieinigen Gott. Die Schrift gliedert sich nach der Vorrede in drei Teile mit insgesamt zehn Visionen. Im ersten Teil, der vier Visionen umfasst, stehen Mensch und Welt im Mittelpunkt, während im zweiten Teil, der aus einer einzigen Vision besteht, die Räume des Jenseits vorgestellt werden. Die fünf Visionen des dritten Teils widmen sich der Geschichte der Schöpfung, die am Ende aller Zeiten in Christus aufgehen wird.

In der ersten Vision schaut Hildegard den „Urlebendigen“ (4.1), der war, ist und immer sein wird, den Anfang und das Ende allen Seins. Er, der ewige dreieinige Gott,

[16] Hildegard, *Liber Divinorum Operum*, S. 15.
[17] Hildegard, *Liber Divinorum Operum*, S. 15.

offenbart sich Hildegard als schöner, junger Mensch in der Gestalt der Liebe bzw. als Güte in Form eines Greisenhauptes, das die Liebe krönt. Als Überwinder des Bösen zertritt er die Schlange. In der zweiten Vision umfasst die gleiche Gestalt vor ihrem Leib die Scheibe des Kosmos (4.2). Mikro- und Makrokosmos gehen hier eine unvergleichliche Einheit ein, denn inmitten der kosmischen Scheibe steht, die Arme kreuzförmig ausgebreitet, der Mensch. Er wird umgeben von den kosmischen Kräften: den Winden, den sechs Sphären, der Erde, den sieben Planeten und den Sternen. Das Wirken der kosmischen Winde, die symbolisch für das Wirken der Gotteskräfte *(virtutes)* stehen, schaut Hildegard in der dritten Vision (4.3). Sie verändern die Säfte des Menschen: nur bei einer ausgewogenen Mischung von Winden und Säften bleibt er körperlich gesund. Aber auch die psychische und moralisch-sittliche Gesundheit hängt vom harmonischen Verhältnis zwischen göttlichem Hauch und dessen bereitwilliger Aufnahme und Akzeptanz durch den Menschen ab. Verweigert er sich dem göttlichen Befehl, wird er unglücklich. In der den ersten Teil abschließenden vierten Vision (4.4) wird Hildegard die Einheit von Makro- und Mikrokosmos noch einmal unter verschiedenen Aspekten vor Augen geführt. Himmel, Luft und Erde finden ihre Parallelen in den Gliedmaßen des menschlichen Körpers; darüber hinaus entspricht der Erde das menschliche Fleisch, den Steinen die marklosen Knochen und den Bäumen die mit Mark gefüllten Knochen. Neben dem Raum ordnet Hildegard in dieser Vision dem menschlichen Mikrokosmos aber auch die Zeit zu. Der wache und schlafende Mensch entspricht demnach der Zweiteilung des Jahres in Sommer und Winter sowie der Teilung in Tag und Nacht. Die zwölf Monate werden den einzelnen, von oben nach unten aufgerufenen Körperteilen zugeordnet: vom Kopf, dem ersten Monat, bis hin zu den Füßen, die dem Dezember entsprechen. Somit ist der Mensch, gemäß dem göttlichen Willen, innerhalb eines klar strukturierten *ordo*, in dem alles auf jeden bezogen ist, unlösbar mit Zeit und Raum verflochten. Nichts steht isoliert, Mikro- und Makrokosmos sind eins mit dem „Urlebendigen".

Im zweiten Buch, das Vision fünf umfasst, schaut Hildegard im Jenseits die Orte der Buße und der Strafe, die Stätten der Läuterung, aber auch den Ort des Lichtes (4.5). Auch der jenseitige Kosmos ist streng geordnet. Die Erde liegt in Form eines eingedrückten Quadrates in der Mitte. Um sie herum entfaltet sich das kreisrunde Jenseits. Die Erde ist in drei Abschnitte aufgeteilt: je eine unbewohnbare heiße bzw. kalte Zone sowie die gemäßigte Mitte. Symmetrisch rings herum angeordnet liegen die einzelnen Jenseitsräume: im lichten Osten (links) die Stätte der Seligen, im Westen (rechts) der Ort der Läuterung für leichtere Vergehen, im Süden (oben) und Norden (unten) schließlich die Bußorte für die Nachlässigen bzw. die Lasterhaften. Der Schlund der Hölle ist außerhalb des Kreises rechts unten platziert. Links beschirmen die Flügel des „Eifers Gottes" die Jenseitsräume.

Im dritten Buch steht wieder der trinitarische Gott im Mittelpunkt. Vision sechs (4.6) zeigt Gottes strenge Gerechtigkeit in Form eines harten, hoch aufragenden Berges bzw. Christus als unversehrten Marmorblock (Vision sieben, 4.7). Durch die Öffnung dieses Blockes fällt das Sonnenlicht, Zeichen der vollendeten Harmonie zwischen dem Willen Gottes und seiner Weltordnung. Propheten, die von der Menschwerdung des Gottessohnes künden, nähern sich dem Marmor (Christus). In diesen beiden sowie den noch folgenden drei Visionen spielen sich die Geschehnisse vor den Mauern einer gewaltigen Stadt ab. In Vision acht treten die Gestalten der Liebe *(caritas)*, der Demut *(humilitas)* und des Friedens *(pax)* auf (4.8), in der neunten Vision erscheinen die Weisheit *(sapientia)* und die Allmacht Gottes (*omnipotentia Dei,* 4.9). In Vision zehn schließt sich der Kreis. Hildegard schaut, wie in der ersten Vision, Gott, den Ursprung aller Dinge, durchläuft noch einmal Zeit und Geschichte und erlebt dann das Ende aller Zeiten (4.10). Im Osten taucht ein unendlicher Kreis, ein Rad, auf (Abb. 31): Bild des allgewaltigen Schöpfers. In der Mitte des Rades manifestiert sich die *caritas*, die Liebe, als Anfang und Ende der schöpferischen Kraft des Kosmos. Hierauf verweist auch die Kristalltafel in ihrer Rechten, die das Vorher-Wissen um alle Dinge symbolisiert. Dann erscheint in seiner ganzen Herrlichkeit Christus: Anfang und Ende des Kosmos zugleich, Herr der Schöpfung, der welterrichtende Logos.

Abb 32: Liebe, Demut und Frieden, Detail aus der achten Vision „Das Wirken der göttlichen Liebe", *Liber Divinorum Operum*, um 1220/30, Lucca, Biblioteca Statale, Cod. 1942

4.1.
Die erste Vision:
Der Ursprung des Lebens

„Ich sah inmitten des südlichen Luftraumes im Geheimnis Gottes ein schönes, wundervolles Bild wie die Gestalt eines Menschen, dessen Antlitz von so großer Schönheit und Klarheit war, dass ich leichter in die Sonne hätte blicken können als in dieses Gesicht. Ein weiter goldener Reif umgab das Haupt dieser Gestalt. In diesem Reif erschien über dem Haupt ein anderes Gesicht wie das eines älteren Mannes, dessen Kinn und Bart den Scheitel dieses Hauptes berührten. Und von beiden Seiten des Halses derselben Gestalt ging ein Flügel aus; diese Flügel erhoben sich über den erwähnten Reif und verbanden sich dort miteinander. Auf dem höchsten Punkt der bogenförmigen Krümmung des rechten Flügels erblickte ich gleichsam den Kopf eines Adlers mit feurigen Augen, in denen der Glanz der Engel wie in einem Spiegel erschien. Auf dem höchsten Punkt der bogenförmigen Krümmung des linken Flügels war das Antlitz eines Menschen, das wie der Glanz der Sterne leuchtete. Beide Gesichter waren nach Osten gewandt.

Von den beiden Schultern dieser Gestalt aber reichte ein Flügel bis zu ihren Knien. Sie war bekleidet mit einem Gewand, das wie die Sonne leuchtete, und in ihren Händen hielt sie ein Lamm, leuchtend wie das Licht des Tages. Mit ihren Füßen trat sie auf ein Ungeheuer von abscheulichem Aussehen und giftig schwarzer Farbe und auf eine Schlange, die sich in das rechte Ohr des Ungeheuers verbissen hatte. Ihren übrigen Körper hatte sie quer über dessen Kopf geschlungen und ihren Schwanz auf seiner linken Seite bis zu seinen Füßen ausgestreckt“.[18]

[18] Hildegard, *Liber Divinorum Operum*, S. 19.

4.2.
Die zweite Vision:
Die Elemente im Bau der Welt

„Darauf erschien auf der Brust der vorher erwähnten Gestalt, die ich wie gesagt gleichsam inmitten des südlichen Luftraumes geschaut hatte, ein Rad von wunderbarem Anblick mit seinen Zeichen, ähnlich dem Bild, das ich vor achtundzwanzig Jahren in Gestalt eines Eies als Sinnbild gesehen hatte, wie in der dritten Vision des Buches Scivias gezeigt wird. An seiner Rundung zeigte sich außen ein Kreis von leuchtendem Feuer und unter diesem ein anderer Kreis von schwarzem Feuer. Der Kreis von leuchtendem Feuer übertraf an Dichte zweimal den schwarzfeurigen Kreis, und diese beiden Kreise waren miteinander verbunden, wie wenn sie ein Kreis wären. Unter dem schwarzfeurigen Kreis war ein weiterer wie aus reinem Äther, ringsum von gleicher Dichte wie die beiden erwähnten Feuerkreise. Aber unter diesem Kreis von reinem Äther zeigte sich ein anderer gleichsam aus wasserreicher Luft, in seinem Umfang von gleicher Dichte wie die des erwähnten Kreises von leuchtendem Feuer. Unter dem Kreis aus wasserreicher Luft erschien ein weiterer mit gleichsam starker, weißleuchtender Luft, in ihrer Härte ähnlich wie eine Sehne im menschlichen Körper, überall ringsum von derselben Dichte wie die des schwarzfeurigen Kreises. Auch diese beiden Luftkreise waren so miteinander verbunden, dass sie als ein Kreis erschienen. Unter diesem Kreis von starker, weißleuchtender Luft war eine andere dünne Luftschicht bezeichnet, die bisweilen hohe, lichte Wolken und dann wieder tiefhängende, dunkle Wolken emporzutragen und sich so gleichsam über das ganze Rad auszudehnen schien. All diese sechs Kreise waren ohne jeden Zwischenraum miteinander verbunden. Der äußerste Kreis aber durchströmte mit seinem Feuer die übrigen Kreise; der mit der wasserreichen Luft benetzte gleichsam alle anderen mit seiner Feuchtigkeit.

Und gleichsam vom Anfang der Ostseite des Rades bis zum Ende seiner Westseite erstreckte sich nach dessen Nordseite eine Linie, die gleichsam den nördlichen Bereich von den übrigen Bereichen abtrennte. In der Mitte des dünnen Luftkreises war auch eine Kugel zu sehen, ringsum im gleichen Abstand von der starken, weißleuchtenden Luft. Der Durchmesser der Kugel entsprach der Tiefe des Raumes von der höchsten Stelle des obersten Kreises bis zu den äußersten Wolken oder von den äußersten Wolken bis zur Höhe dieser Kugel.

In der Mitte dieses Rades erschien die Gestalt eines Menschen, dessen Scheitel oben und dessen Fußsohlen unten bis zu dem Kreis der starken, weißleuchtenden Luft reichten. Auf der rechten Seite waren die Fingerspitzen seiner rechten Hand, links die der linken Hand bis zu dem Kreis in seiner Rundung ausgestreckt, weil diese Gestalt ihre Arme so ausgebreitet hatte. In Richtung der vier Seiten erschienen vier Köpfe, und zwar gleichsam der eines Leoparden, eines Wolfes, eines Löwen und eines Bären“.[19]

[19] Hildegard, *Liber Divinorum Operum*, S. 36f.

4.3.
Die dritte Vision:
Der Mensch im Bau der Welt

„Ich schaute, und siehe, der Ostwind und der Südwind mit ihren Nebenwinden setzten durch ihr gewaltiges Wehen das Firmament in Bewegung und ließen es sich vom Osten bis zum Westen über die Erde hin drehen. Dort nahmen der Westwind und ebenso der Nordwind und ihre Nebenwinde es auf, trieben es mit ihrem Wehen an und stießen es unter der Erde vom Westen zum Osten zurück. (...)
Danach sah ich auch, wie die Säfte im Menschen durch die verschiedene Beschaffenheit der Winde und der Luft, wenn sie miteinander zusammenstoßen, bewegt und verändert werden und deren Beschaffenheit annehmen. In jedem der oberen Elemente nämlich ist ein Luftanteil, der dessen Eigenschaft entspricht, durch den jenes Element mit der Gewalt der Winde zur Umdrehung angetrieben wird; anders könnte es nicht bewegt werden. Mit Unterstützung von Sonne, Mond und den Sternen wird aus jedem von ihnen der Luftanteil ausgestoßen, der das Weltall ins richtige Maß setzt.
Wenn aber einmal entweder durch die Glut der Sonnenbahn oder nach der Entscheidung Gottes irgendein Element in Richtung eines Bereiches der Welt berührt wird, so gerät es dort zusammen mit der Bewegung der Luft selbst in Bewegung und schickt aus dieser selben Luftschicht einen Hauch, den man Wind nennt, in die erwähnte untere Luftschicht. Dieser Wind vermischt sich bald mit jener, weil er zu einem Teil aus ihr stammt und ihr ziemlich ähnlich ist. Und so berührt dieselbe Luft den Menschen. Daher werden auch die Säfte, die in ihm sind, entsprechend der Art des Windes und der Luft, da sie von gleicher Art sind, öfter verändert, sei es zu seiner Schwächung oder seiner Kräftigung.
Und wiederum schaute ich: Einer von allen Winden mit den vorher erwähnten Eigenschaften wird in irgendeinem Bereich der Welt entweder durch den geänderten Lauf der Sonne und des Mondes oder nach Gottes Entscheidung erregt, so dass er dort seinen Hauch aussendet, weil die Luft bewegt und ihm angepaßt ist. Er bläst dann diese Luft durch die Welt und bewahrt das, was in der Welt ist, dadurch, dass er es im rechten Maß erhält.
Entsprechend diesem Wehen macht er den Menschen in seinen Säften beträchtlich veränderlich. Denn der Mensch, dessen natürliche Eigenschaft diesem Wehen entspricht, atmet die so veränderte Luft ein und lässt sie ausströmen. Weil die Seele diese aufnimmt und ins Innere des Leibes bringt, werden auch die Säfte, die in ihm sind, verändert und bringen ihm, wie schon gezeigt wurde, oft Krankheit oder Gesundheit“.[20]

[20] Hildegard, *Liber Divinorum Operum*, S. 93f.

4.4.
Die vierte Vision:
Die Gliederung des Firmaments

„Und ich schaute, dass das Firmament mit allem, was zu ihm gehört, von seinem höchsten Punkt bis zum Scheitelpunkt der Erde in seinem Durchmesser dieselbe Dichte wie die Erde hatte. Ich sah auch, wie das obere Feuer des Firmaments bisweilen erschüttert wurde und gleichsam Schuppen wie Glutasche aus sich auf die Erde schickte, die bei Menschen, Tieren und Früchten der Erde Brandmale und Geschwüre verursachten. Auch sah ich, wie sich aus dem schwarzen Feuer manchmal ein Nebel auf die Erde herabsenkte. Dieser dörrte die Grünkraft (viriditas) der Erde aus und ließ die Feuchtigkeit der Äcker vertrocknen. Aber der reine Äther leistete jenen Schuppen und diesem Nebel Widerstand, damit sie nicht über das Maß hinaus den Geschöpfen Schaden zufügten.

Und ich sah auch, wie aus der starken, weißleuchtenden Luft sich bisweilen ein anderer Nebel auf die Erde senkte, der Mensch und Vieh mit einer verheerenden Seuche schlug, so dass viele deshalb an verschiedenen Krankheiten litten, sehr viele auch dem Tod verfielen. Diesem Nebel jedoch trat die wasserreiche Luftschicht entgegen, die ihn mäßigte, damit er die Geschöpfe nicht übermäßig schädigte.

Ich sah auch, das aus der dünnen Luft Feuchtigkeit, die über die Erde sprudelte, die Grünkraft der Erde weckte und alle Früchte keimen und hervorsprießen ließ. Sie trug auch Wolken nach oben, die alle oberen Schichten stützten und von diesen oberen Schichten gekräftigt wurden. In derselben Luftschicht sah ich auch eine Wolke von strahlendem Weiß, die an ihren beiden Enden gleichsam in die anderen Wolken des Firmaments eingefügt war. Ihr mittlerer Teil blieb wie ein Bogen gekrümmt und erstreckte sich in die vorher genannte Luftschicht“.[21]

[21] Hildegard, *Liber Divinorum Operum*, S. 119.

·P·II·

4.5.
Die fünfte Vision:
Die fünf Bereiche des Erdkreises

„Darauf sah ich den Erdkreis aufgeteilt in fünf Bereiche, so dass ein Teil nach Osten, der andere nach Westen, der dritte nach Süden, der vierte nach Norden lag, der fünfte aber in ihrer Mitte. Der Umfang des Ost- und des Westteils war gleich groß, und beide hatten die Gestalt eines gespannten Bogens. Auch der Umfang des Süd- und des Nordteiles war gleich groß. In Länge und Breite glich er den beiden ersten Teilen, aber sie erschienen in ihrer inneren Krümmung wegen der bogenförmigen inneren Enden der beiden ersten Bereiche gleichsam abgeschnitten. Außer ihrer abgeschnittenen inneren Enden waren sie einem gespannten Bogen ähnlich. (...)

Der zuvor genannte östliche Bereich erstrahlte in großer Helligkeit, der westliche wurde dunkel, weil er etwas von Finsternis bedeckt war. Der südliche Bereich aber, der in drei Abschnitte gegliedert war, hatte die beiden Randabschnitte voller Strafen. Den dritten, nämlich den mittleren, zeigte er entsetzlich, und zwar nicht durch Strafen, sondern durch andere ungeheuere Schrecken. Das zeigte auch der nördliche Bereich, der ebenfalls drei getrennte Bezirke hat; während nämlich in den beiden äußeren Abschnitten verschiedene Strafen im Übermaß vorhanden waren, war der mittlere Teil durch zahlreiche Schrecken ohne Strafen entsetzlich. Aber nach Osten sah ich über der Rundung der Erde in gewisser Höhe eine rote Kugel, von einem saphirblauen Kreis umgeben. Von ihrer rechten und linken Seite gingen je zwei Flügel aus, von denen die einen sich von beiden Seiten eben dieses Kreises empor in die Höhe streckten, so dass sich beide am höchsten Punkt zurückbogen und aufeinander blickten. Das andere Flügelpaar ging von denselben Seiten aus nach unten bis zur Mitte der zuvor genannten Erdrundung, und zwar so, dass die Flügel diese Rundung außerhalb des Firmamentes zur Hälfte umfassten und bedeckten. (...)

Ferner sah man zwischen den Spitzen dieser Flügel gleichsam eine feurige Kugel, die Strahlen aussandte. Vom obersten Punkt der genannten Erdrundung bis zur erwähnten roten Kugel, von dieser aus bis zu dem leuchtenden Stern und von diesem Stern bis zu der feurigen Kugel waren die Abstände gleich. Auch zwischen den vorderen Flügeln sah man auf beiden Seiten der erwähnten Straße von der Kugel ab rings um den Stern bis zu der Feuerkugel unterschiedliche Strahlen von Sternen.

Aber auch nach Westen hin außerhalb der Erdrundung erschien Finsternis, die sich von beiden Seiten dieser Rundung bis in deren Mitte, zu der auch die genannten Flügel hinunterreichten, wie ein Bogen spannte. In ihr waren zwischen der westlichen und nördlichen Ecke noch andere dichtere und tiefere Finsternisse, die das Aussehen eines entsetzlichen, zum Verschlingen aufgerissenen Maules hatten. Sie hafteten an anderen äußerst dichten und schlimmen unendlichen Finsternissen, die außerhalb von ihnen waren, als ob sie deren Maul und Rachen wären. Um diese unendlichen Finsternisse wußte ich, aber sehen konnte ich sie nicht".[22]

[22] Hildegard, *Liber Divinorum Operum*, S. 255f.

4.6.
Die sechste Vision:
Das Vorauswissen Gottes

„Und wiederum schaute ich gleichsam die quadratische Anlage einer großen Stadt, die auf allen Seiten wie von hellem Glanz und von Dunkelheit wie von einer Mauer umgeben war. Sie war auch mit einigen Bergen und Gestalten geschmückt. In der Mitte ihrer Ostseite sah ich auch einen mächtigen, hochragenden Berg aus hartem, weißem Stein, der die Form eines Feuer speienden Berges hatte. An seinem Gipfel erstrahlte eine Art Spiegel von solcher Klarheit und Reinheit, dass er sogar den Glanz der Sonne zu übertreffen schien. In ihm erschien eine Taube mit ausgebreiteten Flügeln, wie zum Fliegen bereit. Derselbe Spiegel, der zahlreiche verborgene Wunder in sich barg, entsandte aus sich einen Glanz von großer Breite und Höhe, in dem viele Geheimnisse und eine große Anzahl Abbilder verschiedener Gestalten erschienen. In demselben Glanz nach Süden hin zeigte sich eine Wolke, oben leuchtend weiss, unten aber schwarz, über der eine unendliche Schar von Engeln erstrahlte, von denen die einen wie Feuer, andere hell leuchtend und andere wie Sterne erschienen. Sie alle wurden wie brennende Fackeln von einem Wind bewegt, der voller Stimmen war, die wie das Rauschen des Meeres klangen.

Und dieser Wind breitete in seinem Zorn seine Stimmen aus und sandte durch ihn Feuer in die erwähnte Schwärze der Wolke, wodurch diese ohne Flamme in ihrer Schwärze entbrannte. Aber dann blies er in sie hinein und ließ sie wie dichten Rauch schwächer werden und vergehen. So trieb er diese, während sie sich auflöste, vom Süden zurück über den erwähnten Berg nach Norden in eine unergründliche Tiefe, so dass sie sich seitdem nicht mehr erheben kann, außer dass sie manchmal Nebel über die Erde schickt.

Und ich hörte gleichsam Posaunen vom Himmel her ihre Stimme erheben: Was ist das, was verfiel, obwohl es in seinen Kräften stark war? Und so leuchtete der weiße Teil der oben erwähnten Wolke noch heller als zuvor. Dem Wind aber, der mit den drei Arten seiner Stimmen die Schwärze dieser Wolke verjagt hatte, konnte von nun an niemand widerstehen“.[23]

[23] Hildegard, *Liber Divinorum Operum*, S. 335f.

4.7.
Die siebte Vision:
Die Erfüllung aller Vorausbilder und Prophetie

„Danach sah ich an der Ostecke, das heißt dort, wo der Osten beginnt, einen Marmorblock, der wie ein gewaltiger, unberührter Berg war. An ihm war nur ein ausgehauenes Tor zu sehen wie bei einer großen Stadt. Leuchtender Glanz wie vom Sonnenaufgang erfüllte es ganz, breitete sich aber nicht weiter aus. Von diesem Felsen fast bis zum anderen östlichen Ende, das nach Süden liegt, erschienen Menschengestalten, nämlich Kinder, Jünglinge und Greise, wie Sterne durch eine Wolke. Ihr Laut drang bis nach Westen wie das Meer, das durch den Wind aufgewühlt dahinwogt. Von oben her übergoss sie auch ein Glanz, der alle Schönheit nach menschlicher Einschätzung übertraf, mit seinem Strahl, den er dann wieder zu sich zurückzog.

Dicht an dieser östlichen Grenze aber standen zwei andere Gestalten nebeneinander. Die erste von ihnen hatte Kopf und Brust wie ein Leopard, Arme wie ein Mensch, aber ihre Hände glichen den Tatzen eines Bären. Eine weitere Veränderung sah ich nicht an ihr. Sie war mit einem steinernen Gewand bekleidet und stand unbeweglich. Ihren Blick jedoch richtete sie zurück nach Norden.

Die andere Gestalt aber, die näher an der zuvor genannten Ecke stand, hatte Gesicht und Hände eines Menschen, die gefaltet waren, aber Füße eines Habichts. Bekleidet war sie mit einem hölzernen Gewand, das von oben bis zu ihrem Nabel weiß erschien, vom Nabel bis zu den Lenden rötlich, von den Lenden bis zu den Knien hellgrau und von den Knien bis zu ihren Fußspitzen trüb. Sie trug auch ein Schwert, das quer über die Hüften gelegt war, stand unbeweglich und hatte ihren Blick nach Westen gerichtet.

Darauf sah ich im gesamten südlichen Bereich unzählige andere Menschengestalten wie eine Wolke in der Luft schweben. Die einen von ihnen trugen auf ihren Häuptern goldene Kronen, andere hielten in ihren Händen reich geschmückte Palmzweige, wieder andere Schalmeien, andere Zithern oder Harfen. *Der Klang dieser Instrumente ertönte wie der liebliche Ton der Wolken“.*[24]

[24] Hildegard, *Liber Divinorum Operum*, S. 345f.

4.8.
Die achte Vision:
Das Wirken der göttlichen Liebe

„Ich sah auch gleichsam in der Mitte des beschriebenen südlichen Bereiches drei Gestalten. Zwei von ihnen standen in einem ganz klaren Brunnen, der ringsum eingefasst und oben mit einem runden, durchbohrten Stein geschmückt war, als ob sie in ihm verwurzelt wären, wie Bäume bisweilen im Wasser zu wachsen scheinen. Die eine war von Purpurglanz, die andere von einem strahlend weißen Glanz so umgeben, dass ich sie nicht voll anschauen konnte. Die dritte aber stand außerhalb dieses Brunnens auf dessen Randstein, mit einem leuchtendweißen Gewand bekleidet. Ihr Antlitz leuchtete in solcher Helligkeit, dass diese auf mein Gesicht zurückschlug. Und vor ihnen erschienen die seligen Ordnungen der Heiligen gleich Wolken. Auf sie blickten die Gestalten aufmerksam.

Die erste Gestalt sprach: Ich, die Liebe (caritas), bin die Herrlichkeit des lebendigen Gottes. Die Weisheit hat in mir ihr Werk gewirkt, und die Demut, die im lebendigen Quell verwurzelt ist, ist meine Gehilfin, und mit ihr ist der Friede verbunden. Und durch die Klarheit, die ich bin, leuchtet das lebendige Licht der seligen Engel. Denn wie der Strahl durch das Licht leuchtet, so leuchtet diese Klarheit den seligen Engeln. Sie dürfte nicht sein, ohne zu leuchten, wie es ohne Leuchten kein Licht gibt. Ich habe ja den Menschen entworfen, der in Mir gleich einem Schatten verwurzelt war, wie man den Schatten eines jeden Dinges im Wasser erblickt. Daher bin ich auch der lebende Quell, weil alles, was geschaffen ist, wie ein Schatten in Mir war. Nach diesem Schatten ist der Mensch mit Feuer und Wasser gebildet, wie auch ich Feuer und lebendiges Wasser bin“.[25]

[25] Hildegard, *Liber Divinorum Operum*, S. 373f.

4.9.
Die neunte Vision:
Der Heilsplan Gottes in der Zeit

„Darauf sah ich nahe der nördlichen Ecke nach Osten hin eine Gestalt, deren Antlitz und Füße in solchem Glanz strahlten, dass dieser Glanz auf mein Gesicht zurückschlug. Sie trug ein Kleid wie aus weißer Seide und darüber eine Tunika von grüner Farbe, die überall mit verschiedenen Perlen geschmückt war. An den Ohren trug sie Ohrgehänge, auf der Brust ein Halsgeschmeide, an den Armen Armreifen; das alles war wie aus reinstem Gold und mit Edelsteinen verziert.
In der Mitte dieses nördlichen Bereiches sah ich eine andere Gestalt. Sie stand aufrecht und hatte ein eigenartiges Aussehen. Ganz oben an der Stelle ihres Hauptes erstrahlte sie in solcher Helligkeit ihres Glanzes, dass dieser Glanz mein Gesicht blendete. Mitten auf ihrem Leib erschien das Haupt eines Menschen mit grauen Haaren und einem Bart, ihre Füße glichen den Pranken eines Löwen. Sie hatte auch sechs Flügel, von denen zwei von den Schultern nach oben gingen, sich zurückbogen und miteinander zusammenschlugen und die erwähnte Helligkeit bedeckten. Zwei Flügel erstreckten sich von den Schulter bis zum Scheitel des erwähnten Hauptes und dann nach unten. Zwei reichten von den Hüften der Gestalt hinunter bis zu ihren Fußknöcheln und breiteten sich etwas aus wie zum Fliegen. Der restliche Körper war ganz von Fischschuppen und nicht von Vogelfedern bedeckt.
An den beiden Flügeln, die sich bis zum Scheitel des erwähnten Hauptes ausstreckten, erschienen fünf Spiegel; einer von ihnen befand sich auf der höchsten Stelle des rechten Flügels und auf ihm sah man geschrieben: Weg und Wahrheit (Joh 14,6). Der in seiner Mitte trug die Aufschrift: Ich bin die Pforte zu allen Geheimnissen Gottes. Am Flügelende war einer, auf dem geschrieben stand: Ich bin die Offenbarung alles Guten. An der höchsten Stelle des linken Flügels war einer mit der Aufschrift: Ich bin der Spiegel, auf dem die Absicht der Auserwählten zu betrachten ist. Und der am Ende dieses Flügels trug die Aufschrift: Verkünde uns, ob du es selbst bist, der im Volk Israel regieren wird. Diese Gestalt hatte ihren Rücken nach Norden gewendet.
Über den ganzen westlichen Bereich hin jedoch erblickte ich eine abscheuliche, rauchende Finsternis. Aber nahe der nördlichen Ecke diese Bereiches quoll, aus Schwefel und dichtem Dunkel gemischt, ein tiefschwarzes Feuer hervor, das zurückschlug und fast bis zur Mitte des nördlichen Bereiches reichte“.[26]

[26] Hildegard, *Liber Divinorum Operum*, S. 383f.

4.10.
Die zehnte Vision:

Die Heilsgeschichte vom Beginn bis zum Ende der Zeit

„Darauf sah ich neben dem Berg, den ich in der Mitte des östlichen Bereiches erblickte, wie vorher gesagt wurde, gleichsam ein Rad von erstaunlichem Umfang, das Ähnlichkeit mit einer leuchtend weißen Wolke hatte und nach Osten gewandt war. Eine dunkle Linie wie der Atem eines Menschen teilte es in der Mitte quer, und zwar von der linken zur rechten Seite.

Auf der Mitte dieses Rades oberhalb der Linie zeigte sich eine andere Linie, rötlich schimmernd wie das Morgenrot, die vom oberen Rand dieses Rades bis zur Mitte der erwähnten Linie herabführte. Der obere Teil dieser Radhälfte sandte von links bis zu seiner Mitte grüne Farbe aus. Von der rechten Seite bis zur Mitte leuchtete so etwas wie rote Farbe, und zwar so, dass diese beiden Farben auf gleiche Flächen verteilt waren. Die Radhälfte aber, die quer unterhalb der erwähnten Linie war, zeigte eine fahle, von Schwarz untermischte Farbe.

Und siehe: In der Mitte dieses Rades sah ich auf der erwähnten Linie wieder die Gestalt, die mir vorher als die Liebe (caritas) bezeichnet worden war. Sie saß und erschien in einem anderen Schmuck, als ich sie vorher gesehen hatte. Ihr Antlitz leuchtete wie die Sonne, ihr Gewand glänzte wie Purpur, um ihren Hals hatte sie eine goldene Kette, die mit Edelsteinen geschmückt war, und sie trug Schuhe, die wie Blitze strahlten.

Aber vor dem Antlitz dieser Gestalt erschien eine Art Tafel, strahlend hell wie Kristall. Auf ihr stand geschrieben: Eine schöne Gestalt, glänzend wie Silber, werde ich offenbaren, denn die Gottheit, die ohne Anfang ist, strahlt in großer Helligkeit. Alles jedoch, was einen Anfang hat, ist unsicher in seinen Schrecknissen und kann die Geheimnisse Gottes nicht in voller Erkenntnis begreifen.

Und diese Gestalt blickte auf die Tafel. Dadurch bewegte sich die Linie, auf der sie saß, und da, wo dann diese Linie des genannten Rades mit dessen linker Seite verbunden schien, wurde der äußere Teil des Rades für kurze Zeit wie Wasser und etwa dann über die Mitte der Hälfte des Rades hinaus, die unter der erwähnten Linie quer gezogen war, glühend rot und danach klar und leuchtend, und schließlich wurde sie wie ein unruhiges und stürmisches Unwetter, und zwar nahe dem Ende der Hälfte, wo die erwähnte Linie in diesem Rad eingefügt war“.[27]

[27] Hildegard, *Liber Divinorum Operum*, S. 405f.

Schrein der Mainzer Heiligen, gearbeitet 1960 von Richard Weiland, linke Schmalseite mit Darstellung der hl. Hildegard (2 v. r.), Mainz, Dom, Ostkrypta

5.

Der Schrein der Mainzer Heiligen

Anläßlich des silbernen Bischofsjubiläums von Bischof Albert Stohr wurde 1960 in der Ostkrypta des Mainzer Domes ein Schrein aufgestellt, in dem die Reliquien jener Heiligen geborgen sind, die im Bistum Mainz gelebt und gewirkt haben oder aber besonders verehrt werden. Hierzu zählt selbstverständlich auch die hl. Hildegard, die an der linken Schmalseite des Schreines u.a. in Begleitung des hl. Rupert dargestellt ist. In benediktinische Tracht gekleidet trägt sie in ihren Händen ein Modell des von ihr gegründeten Klosters Rupertsberg (s. Abb. rechts).

Hildegard stirbt am 17. September 1179 im Kloster Rupertsberg. In ihrer Vita wird berichtet, dass sie an *„heiliger Stätte"* begraben worden sei, doch werden weder der Ort der Beisetzung noch die genaue Lage des Grabes beschrieben. Im 13. Jahrhundert wird ihr Leichnam in eine Gruft unterhalb des Altarraumes der Rupertsberger Klosterkirche umgebettet. Im Spätmittelalter wird der Sarg zweimal geöffnet (1489 und 1498); in den darauf folgenden Jahrzehnten ist die Schenkung verschiedener Reliquien bezeugt. Unversehrt überstehen die Gebeine Hildegards die Zerstörung des Rupertsberger Klosters während des Dreißigjährigen Krieges (1632); danach werden ihre sterblichen Überreste in das Eibinger Kloster überführt. In den Wirren der Säkularisierung 1802 werden verschiedene Reliquien verschenkt; im wesentlichen sind die Gebeine Hildegards bei der Neukonsekrierung der Klosterkirche Eibingen im Jahre 1831 aber noch vorhanden. 1852 werden ihre sterblichen Überreste wissenschaftlich untersucht. Bei der Öffnung des Sarges zählt man annähernd sechzig Knochen, die einem weiblichen Individuum zuzuordnen sind. Auch der Schädel, von einer Seidenhaube bedeckt, ist noch vorhanden und durch einen Pergamentstreifen, der die Inschrift *„Caput sanctae Hildegardis"* trägt, als „Haupt der hl. Hildegard" ausgewiesen. Ferner identifiziert man noch das mumifizierte Herz und die separat aufbewahrte Zunge der Heiligen. Heute finden sich Reliquien der hl. Hildegard nicht nur im Schrein der Mainzer Heiligen, sondern auch in Japan, Neu-Guinea und auf den Bahamas. Sie zeugen von der weltweiten Verehrung der wohl bedeutendsten Mainzer Heiligen und Kirchenlehrerin.

Verzeichnis der verwendeten Literatur

Altenburg 2007 – Tilo Altenburg: Soziale Ordnungsvorstellungen bei Hildegard von Bingen (Monographien zur Geschichte des Mittelalters 54), Stuttgart 2007.

AK Mainz 1998 – Ausstellungskatalog „Hildegard von Bingen (1098–1179)“, hrsg. von Hans-Jürgen Kotzur, bearb. von Winfried Wilhelmy und Ines Koring, Ausst. Mainz, Bischöfliches Dom- und Diözesanmuseum, Mainz 1998.

Angenendt 2000 – Arnold Angenendt: Geschichte der Religiosität im Mittelalter, 2. überarb. Auflage, Darmstadt 2000.

Benedikt XVI. 2011 – Benedikt XVI.: Heilige und Selige. Große Frauengestalten des Mittelalters, Illertissen 2011.

Egbert 1993 – Egbert. Erzbischof von Trier 977–993. Gedenkschrift der Diözese Trier zum 1000. Todestag, hrsg. von Franz J. Ronig unter Mitarbeit von Andreas Weiner und Rita Heyen (Trierer Zeitschrift Beiheft 18), 2 Bde., Trier 1993.

Gössmann 1985 – Elisabeth Gössmann: Das Menschenbild der Hildegard von Bingen und Elisabeth von Schönau vor dem Hintergrund der frühscholastischen Anthropologie, in: Peter Dinzelbacher/Dieter Bauer (Hrsg.): Frauenmystik im Mittelalter, Stuttgart 1985, S. 24–47.

Gössmann 2003 – Elisabeth Gössmann: Hildegard v. Bingen, in: Lexikon des Mittelalters, hrsg. von Norbert Angermann/Robert-Henri Bautier/Robert Auty, Bd. 5, München/Zürich 1999, Sp. 13–15.

Gosebrink 2004 – Hildegard Gosebrink: Maria in der Theologie Hildegards von Bingen (Studien zur systematischen und spirituellen Theologie 29), Würzburg 2004.

Gosebrink 2009 – Hildegard Gosebrink: Hildegard von Bingen begegnen, Augsburg 2009.

Graf 2002 – Katrin Graf: Bildnisse schreibender Frauen im Mittelalter 9. bis Anfang 13. Jahrhundert, Basel 2002.

Gutjahr/Zátonyi 2011 – Hiltrud Gutjahr/Maura Zátonyi: Geschaut im lebendigen Licht. Die Miniaturen des Liber scivias der Hildegard von Bingen. Mit einer kunsthistorischen Einführung von Lieselotte Saurma-Jeltsch, hrsg. von der Abtei St. Hildegard, Rüdesheim/Eibingen, Beuron 2011.

Haffner 1879 – Paul Haffner: Die heilige Hildegard. Fest-Predigt, bei der 700jährigen Gedächtnisfeier der Heiligen am 21. September 1879 auf dem Rochusberg gehalten, Mainz 1879.

Hildegard 1990a – Hildegard von Bingen: Briefwechsel, nach den ältesten Handschriften übersetzt und nach den Quellen erläutert von Adelgundis Führkötter OSB, 2. verb. Auflage, Salzburg 1990 [1964].

Hildegard 1990b (= Hildegard, *Scivias*) – Hildegard von Bingen: Scivias. Wisse die Wege. Eine Schau von Gott und Mensch in Schöpfung und Zeit, hrsg. von Walburga Storch, Augsburg 1990.

Hildegard 1997 – Hildegard von Bingen: Wisse die Wege. Ratschläge fürs Leben, ausgewählt und übersetzt von Johannes Bühler, Frankfurt am Main/Leipzig 1997.

Hildegard 1998a (= Hildegard, *Liber Divinorum Operum*) – Hildegard von Bingen: Das Buch vom Wirken Gottes/Liber divinorum operum, 1. vollst. Ausgabe, übers. von Mechthild Heieck, Augsburg 1998.

Hildegard 1998b – Hildegard von Bingen: Internationale wissenschaftliche Bibliographie, unter Verwendung der Hildegard-Bibliographie von Werner Lauter, hrsg. von der Gesellschaft für mittelrheinische Kirchengeschichte (Quellen und Abhandlungen zur mittelrheinischen Kirchengeschichte 84), Mainz 1998.

Hildegard, *Liber Divinorum Operum* = Hildegard 1998a.

Hildegard, *Scivias* = Hildegard 1990b.

Hildegard-Festschrift 1979 – Hildegard von Bingen 1179–1979. Festschrift zum 800. Todestag der Heiligen, hrsg. von Philipp Anton Brück (Quellen und Abhandlungen zur mittelrheinischen Kirchengeschichte 33), Mainz 1979.

Hildegard-Festschrift 1997 – Hildegard von Bingen. Prophetin durch die Zeiten. Zum 900. Geburtstag, hrsg. von Edeltraud Forster OSB, Freiburg i. Br. 1997.

Hinkel 1979 – Helmut Hinkel: St. Hildegards Verehrung im Bistum Mainz, in: Hildegard-Festschrift 1979, S. 385–411.

Klaes 1993 – Monika Klaes (Hrsg.): Vita Sanctae Hildegardis (Corpus Christianorum, Continuatio Mediaevalis 126), Turnhout 1993.

Köbel 1524 – Jacob Köbel: Die Legend des heyligen hertzogen sant Ruprechts bey Byngen uff sant Ruprechts berg leyplich rastende, Oppenheim 1524 (Nachdruck Mainz 1887).

Koring 1998 – Ines Koring: Hildegard von Bingen 1098–1179, in: AK Mainz 1998, S. 2–24.

Krasenbrink 1979 – Josef Krasenbrink: Die „inoffizielle“ Heilige. Zur Verehrung Hildegards diesseits und jenseits des Rheins, in: Hildegard-Festschrift 1979, S. 496-513.

Limburg/Rennings 1989 – Hans J. Limburg/Heinrich Rennings (Hrsg.), Beglaubigtes Zeugnis. Selig- und Heiligsprechungen in der Kirche, Würzburg 1989.

Müller 1986 – Gerhard Ludwig Müller, Gemeinschaft und Verehrung der Heiligen, Freiburg i. Br. 1986.

Newman 1979 – Barbara Newman: Seherin – Prophetin – Mystikerin. Hildegard-Bilder in der hagiographischen Tradition, in: Hildegard-Festschrift 1979, S. 126–152.

Pitra 1882 – Jean Baptiste Pitra: Analecta sacra, Tom. VIII, Nova S. Hildegardis opera, Monte Cassino 1882.

Repges 2002 – Walter Repges: Den Himmel muss man sich schenken lassen. Die Mystikerinnen von Helfta, Leipzig 2002.

Del Re 1998 – Niccolò del Re (Hrsg.): Vatikanlexikon, Augsburg 1998.

Saurma-Jeltsch 1998 – Lieselotte E. Saurma-Jeltsch: Die Miniaturen im „Liber scivias" der Hildegard von Bingen. Die Wucht der Vision und die Ordnung der Bilder, Wiesbaden 1998.

Schulz 1988 – Winfried Schulz: Das neue Selig- und Heiligsprechungsverfahren, Paderborn 1988.

Sebald 1997 – Eduard Sebald (Bearb.): Die Kunstdenkmäler des Rhein-Hunsrück-Kreises, Teil 2,2: Ehemaliger Kreis St. Goar. Stadt Oberwesel (Die Kunstdenkmäler von Rheinland-Pfalz 9), München/Berlin 1997.

Simon 1979 – Adelheid Simon OSB: Die Reliquien der hl. Hildegard und ihre Geschichte, in: Hildegard-Festschrift 1979, S. 371–383.

Smolinsky 1997 – Heribert Smolinsky: Kirchenlehrer, Kirchenlehrerin, in: Lexikon für Theologie und Kirche, Bd. 6., 3. Auflage, Freiburg i. Br. 1997, Sp. 20–22.

Staab 1990 – Franz Staab: Eine Metzer Miniatur des heiligen Willigis aus dem 12. Jahrhundert, in: 1000 Jahre St. Stephan in Mainz. Festschrift, hrsg. von Helmut Hinkel (Quellen und Abhandlungen zur mittelrheinischen Kirchengeschichte 63), Mainz 1990, S. 33–45.

Staab 1997 – Franz Staab: Aus Kindheit und Lehrzeit Hildegards, in: Hildegard-Festschrift 1997, S. 58–86.

Van Acker 1988 – Lieven van Acker: Der Briefwechsel der Heiligen Hildegard von Bingen. Vorbemerkungen zu einer kritischen Edition, in: Revue Bénédictine 98, 1988, S. 141–168.

Wilhelmy 1998 – Winfried Wilhelmy: Liber divinorum operum (Lucca-Codex), in: AK Mainz 1998, S. 244–246.

Zátonyi 2012 – Maura Zátonyi: Vidi et intellexi. Die Schrifthermeneutik in der Visionstrilogie Hildegards von Bingen (Beiträge zur Geschichte der Philosophie und Theologie des Mittelalters, N.F. 76), Münster 2012.

Weiterführende Literatur

Marc-Aeilko Aris u.a. (Hrsg.): Hildegard von Bingen, Internationale Wissenschaftliche Bibliografie (Quellen und Abhandlungen zur mittelrheinischen Kirchengeschichte 84), Mainz 1998.

Rainer Berndt (Hrsg.): „Im Angesicht Gottes suche der Mensch sich selbst": Hildegard von Bingen (1098–1179), (Erudiri Sapientia 2), Berlin 2001.

Alfred Haverkamp (Hrsg.): Hildegard von Bingen in ihrem historischen Umfeld. Internationaler wissenschaftlicher Kongress zum 900-jährigen Jubiläum, 13.–19.9.1998, Bingen am Rhein, Mainz 2000.

Hildegard von Bingen: Symphonia. Gedichte und Gesänge. Lateinisch und Deutsch, hrsg. von Walter Berschin und Heinrich Schipperges, Gerlingen 1995.

Gabriele Lautenschläger: Hildegard von Bingen. Die theologische Grundlegung ihrer Ethik und Spiritualität, Stuttgart 1993.

Regine Pernoud: Hildegard von Bingen. Ihre Welt, ihr Wirken, ihre Vision, 2. Aufl., Freiburg i. Br. 1997.

Heinrich Schipperges: Hildegard von Bingen, 3. erg. Aufl., München 1997.

Heinrich Schipperges: Die Welt der Hildegard von Bingen, Freiburg i. Br. 1997.

Josef Sudbrack: Hildegard von Bingen. Schau der kosmischen Ganzheit, Würzburg 1995.

Vita Sanctae Hildegardis. Leben der Heiligen Hildegard von Bingen. Canonizatio Sanctae Hildegardis. Kanonisation der Heiligen Hildegard. Übersetzt und eingeleitet von Monika Klaes (Fontes Christiani 29), Freiburg i. Br. 1998.

Michael Zöller: Gott weist seinem Volk seine Wege. Die theologische Konzeption des „Liber scivias" der Hildegard von Bingen (1098–1179), (Tübinger Studien zur Theologie und Philosophie 11), Tübingen 1997.

Abbildungsnachweis

Mainz, Bischöfliches Dom- und Diözesanmuseum:
Abb. 1, 4, 8, 15, 16, 24, 27, 28, 31, 32, sowie Abb. S. 58, 82, 84, 86, 88, 90, 92, 94, 96, 98, 100

Mainz, Bischöfliches Ordinariat (Barbara Nichtweiß): Abb. S. 102, 103

Mainz, Martinus-Bibliothek (Damian-Emanuel Moisa): Abb. 20, 21, 25

Repro aus AK Mainz 1998: Abb. 2, 3, 5, 6, 17-19, 22, 23, 26, 29, 30

Repro aus Saurma-Jeltsch 1998: Abb. 7, 9-14, 31, sowie Abb. S. 64, 66, 68, 70, 72, 74

Die hl. Hildegard von Bingen: Stationen ihres Lebens

1098	An einem nicht näher bekannten Tag wird Hildegard als zehntes Kind der Adligen Hildebert und Mechthild von Bermersheim geboren.
1106 oder 1112	Hildegard wird nach dem Willen der Eltern Gott geweiht und unter der Obhut der Jutta von Sponheim in eine Klause des Benediktinerklosters auf dem Disibodenberg gegeben. Noch im selben Jahr legt sie ein Gelübde ab und wird Benediktinerin.
1136	Jutta von Sponheim stirbt. Hildegard wird von ihren Mitschwestern zur Meisterin gewählt. Die Gemeinschaft wächst stetig.
1141	*„Sage und schreibe, was du siehst und hörst!“* Mit diesen Worten erhält sie von Gott den Auftrag, ihre Visionen schriftlich festzuhalten.
1141-1151	Hildegard verfasst ihre erste Visionsschrift *Wisse die Wege* (Scivias).
1146/47	Hildegard bittet Bernhard von Clairvaux schriftlich um eine Bestätigung ihrer Sehergabe. Bernhard äußert sich zurückhaltend.
1147/48	Synode von Trier: Der Mainzer Erzbischof Heinrich I. unterrichtet Papst Eugen III. über Hildegard und ihre Visionen. Bernhard von Clairvaux bezieht Stellung für Hildegard und Eugen III. bestätigt Hildegards visionäre Gabe.

1147-1151	Hildegard plant und vollzieht den Auszug vom Disibodenberg. Gegen den Widerstand des Disibodenberger Abtes Kuno, aber mit Unterstützung des Mainzer Erzbischofs gründet sie ein eigenes Kloster auf dem Binger Rupertsberg.
1148	Erster Beleg für ein musikalisches Schaffen Hildegards.
1150-1158	Abfassung ihrer heil- und naturkundlichen Schriften *Physica* und *Causae et curae*. Entfaltung eines reichen Briefwechsels, u. a. mit Kaiser Friedrich I. Barbarossa.
1158	Hildegard erreicht, dass ihr Kloster allein der Schutzherrschaft des Mainzer Erzbischofs unterstellt und damit völlig unabhängig vom Disibodenberg wird. Kloster Rupertsberg blüht auf.
1158-1163	Hildegard verfasst ihre zweite Visionsschrift, das *Buch der Lebensverdienste* (Liber Vitae Meritorum).
1165	Hildegard gründet auf der anderen Rheinseite eine zweite Abtei: Kloster Eibingen.
1165-1174	Hildegard verfasst ihre dritte Visionsschrift, das *Buch vom Wirken Gottes* (Liber Divinorum Operum).
1179	Am 17. September stirbt Hildegard im Alter von 81 Jahren in ihrem Kloster auf dem Rupertsberg und wird in der dortigen Abteikirche beigesetzt.

Impressum

Ausstellung

Diese Publikation erscheint anlässlich der vom Bischöflichen Dom- und Diözeanmuseum Mainz konzipierten Ausstellung „Heilige Hildegard von Bingen. *Sage und schreibe, was du siehst und hörst!* Einblicke in ihr visionäres Werk" in der Ostkrypta des Mainzer Domes vom 18. September 2012 bis 18. November 2012

Konzeption Dr. Winfried Wilhelmy
Ausstellungsaufbau Paul Engelmann unter Mithilfe der Dombauhütte Mainz
Texte in der Ausstellung Dr. des. Bettina Schmitt
Grafische Gestaltung in der Ausstellung Verlag Matthias Ess, Bad Kreuznach

Katalog

Herausgeber Dr. Winfried Wilhelmy
Katalogredaktion Dipl.-Ök. Anja Coffeng M.A., Dr. des. Bettina Schmitt, Dr. Winfried Wilhelmy
Bildredaktion Dipl.-Ök. Anja Coffeng M.A.
Satz, Grafik und Layout Verlag Matthias Ess, Bad Kreuznach

Der Katalog erscheint im Verlag Matthias Ess, Bad Kreuznach

ISBN 978-3-935516-78-5
2. Auflage 2016

Die Autoren

Karl Kardinal Lehmann, Bischof von Mainz
Dr. des. Anja Lempes, Mainz, Bischöfliches Dom- und Diözesanmuseum
Dr. Claudia Sticher, Mainz, Bischöfliches Ordinariat
Dr. Helmut Hinkel, Mainz, Martinus-Bibliothek
Dr. Winfried Wilhelmy, Mainz, Bischöfliches Dom- und Diözesanmuseum